Contrapuntos X

❖

ESTE

Lucía Orellana, ed.
Aimée Mendoza Sánchez, ed.

EDITORES INDEPENDIENTES
Monterey, CA

Diseño · *Design:* Arturo Torres, Ángel M. Rañales.

Consejo editorial · *Editorial board*:

Dr. Erika Bondi	*Sichuan University*
Dr. Jennifer Byron	*Aparicio Publishing*
Dr. José R. Flores	*Whittier College*
Dr. Erin Gallo	*University of Oregon*
Indira Y. A. García Varela	*University of Kansas*
Dr. Daniel Holcombe	*Georgia College and State University*
Marvin González de León	*The Playwrights' Center*
Nallely Morales	*Grand Canyon University*
Dr. Marcos Pico Rentería	*Defense Language Institute*
Dr. Ángel M. Rañales	*University of South Carolina Aiken*
Edgar Roca	*Defense Language Institute*

Editors: Marcos Pico Rentería, Ángel M. Rañales
Guest Editor: Lucía Orellana
Guest Editor: Aimée Mendoza Sánchez

First print edition: 2023

Copyright © 2023 Digitus Indie Publishers
Copyright © 2023 individual works remains with the authors
All rights reserved.

ISBN Digitus Indie Publishers: 978-0-9982539-6-1

ISSN 2 4 7 2 - 2 0 6 5 (print)
ISSN 2 4 7 2 - 2 0 7 3 (online)
www.digitusindie.com

ÍNDICE
CONTENTS

NOTA EDITORIAL — 1

POESÍA — 3

   IMAGEN, SONIDO, LUGAR Y MEMORIA — 4

   Pedro Larrea
   NO DEBERÍAN ARDER LAS CIUDADES — 7
   HAY UN CONFLICTO ENTRE EL SER Y EL ESTAR
   CONTAR NO TERMINA

   Zazil Alaíde Collins
   CURACIÓN POPULAR — 10
   MAP
   FUNNEL OF LOVE

   Consuelo Hernández
   OTRA ORILLA — 13
   THE OTHER SHORE
   INCURABLE
   INCURABLE

   Bessy Reyna
   ¿ES ESTA LA CALLE BROAD EN HARTFORD? — 17
   IS THIS REALLY BROAD STREET, HARTFORD?
   LA SEÑORA LEONOR
   LA SEÑORA LEONOR

   Alberto Pipino
   EN LA MITAD DEL ZARANDEO — 24
   VENAMÍ EN HALLOWEEN
   LA HIGUERA DE MI INFANCIA
   LEY NATURAL

   Jacqueline Herranz-Brooks
   POESÍA BASURA — 30

POEMA DE LA MESA REDONDA
POEMA DE LA MESA CUADRADA
POEMA DE LA PANTALLA INTACTA
POEMA DEL COLCHÓN

FICCIÓN   36

    LA DIVERSIDAD DE LA FICCIÓN   37

    Carlos Ponce-Meléndez
    YO ESCRIBO PORQUE TENGO CORAJE   39

    Víctor Manuel Ramos
    BAUTISMO DE SANGRE   42

    John Madera
    NATURE UNDER CONSTRAINT AND VEXED   55

    Pablo Brescia
    NADA PERSONAL   61

    Naida Saavedra
    OVERWORKED   66

NO-FICCIÓN   69

    LA NO-FICCIÓN Y LA APERTURA
    DE LAS FRONTERAS IDEOLÓGICAS   70

    David Ornelas
    UN BICICLETERO INGENUO EN NUEVA YORK   72

    Melanie Márquez Adams
    LA CIUDAD COMO PERSONAJE EN LA NO-FICCIÓN   80
    LA CRISIS DESDE LA NO-FICCIÓN

RUTAS PARALELAS   89

    DE LA BLOGÓSFERA A LA ENSOÑACIÓN
    Y A UN GALOPE MUERTO   90

    Marcos Pico Rentería
    BLOGÓSFERA HISPANÓFILA   92

    Kayla Hartsock
    SHATTERED   97

Robert Simon
A TRANSLITERARY FEELING   100

Luka Djolic
A GOOD SOLDIER   103

Ángel M. Rañales
ALLOW: A VIVA VOZ   106

Wilfredo de Ràfols
EN BUSCA DE LO COHERENTE EN "GALOPE MUERTO"   108

AUTORES   122

NOTA EDITORIAL

"¿Qué es un país sino una frase sin fronteras, una vida?", con esta expresión, el protagonista de *On Earth We're Briefly Gorgeous*, novela escrita por Ocean Vuong, el joven talento vietnamita-americano, resume la experiencia y perspectiva del ser humano que migra y se confronta con una lengua y territorios que aprender a hacer suyos con cada experiencia. Migración, un proceso complejo incluso si las fronteras (aquellos espacios políticos más que geográficos) comienzan a desdibujarse, como en una especie de paradoja, a medida que el migrante se aleja de su centro para adentrarse en los territorios de la alteridad.

En esta edición de aniversario de *Contrapuntos*, la décima, hemos querido ofrecer una muestra (aun cuando dicho intento siempre resulta en osadía) de voces y plumas que residen en los Estados Unidos y cuya localización (de acuerdo con regiones geográficas que funcionan como guías de lectura más que como etiquetas) constituye un diálogo simultáneo, o una geografía de textos literarios y de reflexión crítica que son muestra actual (aunque no exhaustiva, ni mucho menos) de la vastedad del talento y de la vigencia de los temas tratados por las autoras y autores.

El idioma, los recuerdos, la añoranza y los desafíos que constituyen el día a día de quien se aleja físicamente de su entorno familiar para establecerse en otro lugar son la materia prima (sea de forma autobiográfica o metafórica) que fundamenta los textos y el arte reunido en esta edición. Es así como hemos decidido presentar el contenido en un volumen que reúne autores del sureste y noreste de los Estados Unidos bajo el título de "East". A su vez, ha sido nuestra intención que el orden de los contenidos y los temas tratados representen las fases de una travesía entre fronteras, coordenadas y memorias, utilizando la página en blanco como una cartografía sobre la que se deja registro de los tópicos que cada lectura va sugiriendo.

De esta manera, poesía, ficción, no-ficción y rutas paralelas, son las cuatro coordenadas sobre las que el lector podrá navegar, detenerse, regresar y guiarse. La sección poética comienza precisamente con la imagen de una travesía, mediante yoes poéticos que habitan o describen lugares desde la imaginación, memoria y su cotidianidad presente. La transformación que dichas travesías implican en la percepción de los que migran se analiza en la sección de no-ficción a partir de una crítica socioeconómica, de géneros y lingüística, pues las autoras y autores nos ofrecen textos para reflexionar cómo la supervivencia en otro país y otras condiciones implica ser consciente de la propia identidad y del impacto que nuestras acciones tienen en nuestro entorno. Por otra parte, la sección de "ficción" ofrece una serie de relatos en los que los personajes se enfrentan a peripecias varias en contextos extremos y que compelen al lector a examinar el cuerpo y la memoria como extensiones de otros espacios geográficos, políticos o sociales.

Durante diez años, el equipo editorial de *Contrapuntos* ha trabajado para que las voces literarias menos ortodoxas, más heterogéneas y en cierta medida, más independientes (sin que ello merme su calidad) cuenten con un espacio que les permita llegar a más lectores en todo el mundo. Al mismo tiempo, esta labor ofrece a los lectores contenidos de verdadera relevancia que de otra manera quedarían relegados en alguna tortuosa empresa editorial. Por supuesto que los frutos de esta década de trabajo no podrían haber sido posible sin la contribución de numerosos editores invitados, escritoras, poetas, narradores y artistas visuales que han creído desde el principio en el valor y la importancia de apoyar estas "resistencias culturales" ante un mercado que tiende, por diversos motivos, a homogeneizar las ofertas artísticas actuales.

Celebremos, pues, que los textos aquí reunidos hayan llegado hasta tus manos lectoras y esperamos que encuentres en ellos algunas líneas cuya resonancia contribuya a expandir las fronteras literarias en cuanto manifestaciones de las vivencias humanas.

Aimée Mendoza Sánchez y Lucía Orellana
Editoras invitadas

POESÍA

IMAGEN, SONIDO, LUGAR Y MEMORIA

La sección de poesía de la franja este de Estados Unidos presenta los trabajos de seis poetas: Zazil Alaíde Collins, Consuelo Hernández, Jacqueline Herranz-Brooks, Pedro Larrea, Alberto Pipino y Bessy Reyna. Los invitamos, estimados lectores, a iniciar este recorrido que los conducirá a diversos territorios de ejercicio poético. En algunos textos, el ámbito geográfico de referencia está presente en los escenarios que se materializan en las palabras y en el ritmo de sus versos. Geografías textuadas con la exploración de un aquí vigoroso y envolvente, tanto urbano como rural, y un allá presentado como memorias y aromas que embargan con el poder conminador de la recurrencia.

Los estilos que se exponen son tan diversos como las regiones desde donde los autores y las autoras ejercitan su proceder poético: lirismo enraizado en recuerdos y elaboraciones identitarias; experimentación con la forma y el uso del espacio página; viajes por el territorio del lenguaje, por las preguntas sobre los temas que indeleblemente nos conciernen como humanos, y a los que arribamos con imágenes que desbrozan las respuestas conocidas.

Movimientos a través del entorno natural, urbano y social, de la imaginación, del lenguaje y de la forma poética. Travesías originadas en Colombia, a orillas del río de la Plata, en La Habana vieja, en las capitales de México y España, y que han encontrado una pausa desde donde proseguir la búsqueda en Nueva York, Connecticut, Washington D.C., Virginia y Texas. No es sorprendente —más bien es inevitable— que algunos y algunas poetas hayan decidido compartir sus textos en español y en inglés, sea como traducciones o como poemas "translinguales".

Los poemas de **Pedro Larrea** conducen al lector a un universo poético donde las percepciones de la realidad del día a día son desmontadas y, en su lugar, ofrece imágenes y yuxtaposiciones que detonan poderosas cargas emocionales, "*No deberían arder las ciudades / sino los hornos de pan y las farolas / [...] / porque una ciudad es una cebra fogosa*". Cargas que se expanden por el cuerpo del poema y que magnifican el valor semántico de una exploración temática no desligada de la ética, como cuando se refiere a la violencia "*He reventado a culatazos el caparazón de la tortuga. / Has abierto de un pisotón las entrañas del escarabajo*".

Zazil Alaíde Collins introduce un cuerpo gozoso que se confunde con amplios territorios desérticos y montañosos recorridos con sensualidad, donde el paisaje es también memoria, y la muerte ronda. Versos en los que convergen las coordenadas geográficas y las de la página, y las líneas, como el territorio, suben, bajan, se quiebran. Esos quiebres contribuyen a desestabilizar la dotación de sentido a los materiales que conforman el poema, que no está limitado a palabras, ya que la poeta recurre a signos ortográficos y marcas para re-establecer una geografía poética: "*—unexplored desert / .me*", "*in ladders ⌣/ in the mountains / me with the breeze ⌢*".

Imágenes de un lirismo que transporta "*a la vastedad de la distancia*" donde "*...todos rezan oraciones inventadas / [...] / para conjurar la soledad y la intemperie*", los poemas de **Consuelo Hernández** dan cuenta de un "*deseo que no se sacia*". Poemas donde opera un deseo nostálgico por lo que se ha perdido en la aventura migratoria, pautado por un ritmo evocador, como en "*la lágrima azul de la tristeza*", que expresa a nivel sonoro las vicisitudes del cruce geográfico y simbólico, marcados por un sentido de pérdida "*y dolor que no madura*".

Frutas y una vara/caña en una bodega son transformadas, mediante la intervención lírica de **Bessy Reyna**, en representaciones identitarias de una infancia caribeña: ella y las "*frutas tan aporreadas que casi no han / sobrevivido el viaje*". La voz poética es embargada por un sentido de extrañamiento, de dislocación, que la lleva a preguntarse por su lugar en el mundo. Esto da paso a un movimiento afectivo donde el yo poético vuelve a unificarse, lo cual abre la posibilidad de un disfrute sensorial de las frutas y la memoria. Otro poema presenta una poderosa yuxtaposición entre una migrante que ha perdido la memoria (precisamente), y la violencia institucional ejercida sobre su hijo.

"*(A)gonía enunciada*", "*...algo me abrió / en dos y dejó un hueco*" escribe **Alberto Pipino** en poemas urbanos en los que seguimos el festejo de amigos que "*...siguen / el ritmo que consagra a Hamilton Heights / como un país inventado a la medida / de un viajero sin fin*"; acompañamos al yo poético al zoo del Bronx, donde una higuera lo traslada a recuerdos de infancia, y al retornar "*mi vida resiste como la fiera / sitiada que hoy va de un lado a otro*", en un lugar que es "*un abismo fértil para improvisar el país / deseado y unir / lo que queda de uno*". En estos poemas narrativos y cadenciosos, el lector es testigo ocular de este tránsito por calles, memorias y sueños.

Los poemas de **Jacqueline Herranz-Brooks**, inscritos sobre enseres descartados en las calles de New York se convierten, efímeramente, en parte del entorno que los generó. Varios recursos son puestos a trabajar en textos breves que interactúan con la forma de la superficie que los acoge: el humor, la écfrasis, la pregunta, el diálogo: "*¿qué necesitas para escribir? / un círculo como este*"; la reflexión, la lírica cadenciosa: "*probablemente vivir se reduce a esto: / arrastrarse un poco y llegar hasta aquí*". Aunque las imágenes fueron preservadas por la autora, el producto en la calle fue —lo sospechamos— arte efímero prontamente re-apropiado o trasladado al basurero.

NO DEBERÍAN ARDER LAS CIUDADES

Pedro Larrea

NO DEBERÍAN arder las ciudades
sino los hornos de pan y las farolas,
el combustible de los repartidores de gardenias
y las baldosas naranjas del paseo con sol reciente.

No deberían arder las ciudades
porque una ciudad es una cebra fogosa,
una ofrenda necesaria de sombra y luz
para aplacar la mandíbula del león humano.

No deberían arder las ciudades,
ni la que tiene piscina de leche para baño de unicornios
ni la poblada por escorpiones y tentáculos que los devorarían.
No deberían arder ni la torre ni la madriguera.

Deberían arder la muerte y su geometría.
Debería moldearse un cuerpo nuevo que recordara por sí mismo
cómo llegar al pantano en que se oculta la salamandra de la respiración.
Deberían arder las corazas. Deberían arder los rectángulos.

Pero no deberían arder las ciudades.

HAY UN CONFLICTO ENTRE EL SER Y EL ESTAR

Pedro Larrea

HAY UN CONFLICTO entre el ser y el estar, una duda
sobre lo más básico del mecanismo del puño,
una falta de conocimiento que nos atañe a todos por permanente.
Es la distancia entre cerebros, la multiplicidad en la disensión.
Lo que quiero decir es que tú piensas y yo pienso, lejos cada uno
y con otra idea sobre todo y a destiempo. De ahí la guerra.

Y de aquí la identidad, que fosforece a la salida del laberinto,
que pilota aeroplanos y bombardea el envés.
Quién soy, que espolvoreo espejo sobre lo que no soy.
Quién eres, y bajo qué preceptos surges del fango y luchas.
Si fueran estos días de paz beberíamos cerveza belga en jarra
y no nos esconderíamos el uno al otro las piezas del puzle.

Debe ser triste atracar barcos con batalla,
sincronizar el ataque al corazón de los demás
y esperar muy erguido la infamia de la condecoración
mientras el donante de órganos se queja en la oficina
donde otros decretan el arboricidio, la tala
de brazos y almas que nacieron limpias y libres.

He reventado a culatazos el caparazón de la tortuga.
Has abierto de un pisotón las entrañas del escarabajo.
Con deseo jugamos a aplastar hileras de hormigas,
participamos en las escaramuzas, tomamos rehenes,
incendiamos hospitales de campaña, desdeñamos la piedad.
Cuando sin deseo volvemos al barrio no nos reconoce nadie.

CONTAR NO TERMINA

Pedro Larrea

CONTAR NO TERMINA. Contar es creer lo contado y cantar es crear lo pasado.
El futuro va de boca en boca en el presente y mano a mano en el pasado.
Ser es propagarse y propagarse no pasar del todo por pasado.
Ser es venir del futuro pasado y salir del pasado futuro. Ser
es contar con el canto las cosas que quedan, las cosas comunes en ser
todas las cosas que pasan o no porque todas existen de siempre y se escuchan al ser.

En todas direcciones hay un edificio a medio construir y su cloaca.
Elijo lo que ya pasó y no pasará sin hambre pues lo tengo en el recuerdo y lo deseo
y la mezcla del recuerdo y el deseo me describe vivo y no discutirá mi muerte.
El tiempo significa la combinación de todos los caminos diseñados
para y por mi pie, cansado dulcemente de futuro y de pasado
en este hotel presente que aminora el titubeo y acelera la esperanza.

La vida no es la bala, ni el revólver, ni la mano que lo carga, ni su blanco.
La vida es el disparo estrepitoso, la pronunciación de todas las palabras
a la vez que ayer, mañana y hoy, sin que el deseo acalle la memoria
ni la memoria silencie el deseo. Saber lo que sirve es vivir y saber
que no sirvió es morir y no saber si servirá pero empuñarlo es ir
llegando por la misma puerta que nos abre la imaginación para marcharnos.

Marcharnos. Marcharme. Marchar. Mar. Mi nombre es un grafiti escrito en una oveja,
una piedra en el fango, unos huesos ocultos, la estrella que brilla y no existe
más que en el pasado y el futuro de un presente en que no soy mi propia negación,
un presente que por serlo ya contiene todo y lo demás, la voz que no se cansa.
La verdad es la suma del tiempo y no importa si oímos un número abierto y parcial:
no estuvimos, estábamos, somos, seremos, no habrá quien se calle la vida en la muerte.

CURACIÓN POPULAR

Zazil Alaíde Collins

OSHÁ OSHÁ OSHÁ
tiemblo en mi orgasmo, como las flores cimentadas en el agua, por la roca más pequeña y el adobe blanco. La lluvia exhuma. Echo un testa al comal. Es casi otoño y el pino más alto permanece en ventisca, como mi corazón soleado en la sierra de los Mansos y Pira, Apaches bruma y Jumalos búfalo, *Sittin' on the top of the world*, bajo una estrella solitaria que ilumina a 50 ahorcados

oshá   oshá oshá
Old Mexico abrasa al West Central. Los piquicurvos, en caderamen de Montaña Caballo, cantan a Sam la mañana; las cigarras posan en un mesquite frente a mi ventana. Reconozco las calles, sus cirios y apóstrofes, labrados a doble espacio por el frágil país que me circunda

oshá   oshá oshá
seduzco mis recuerdos. Los ojos turquesa de mi abuelo dentro de la azul Balandra, el cian triste de su madre, sus largos dedos tallando la madera, las manos de su padre forjando; su dedo izquierdo mutilado, en mar abierto

oshá   oshá oshá
yo tengo las manos de mi abuelo, y con ellas planeo estas turbulencias, corrientes que bajan desde Alaska; marinas, ruta de mis ballenas. ¿Hasta dónde llegaste, golondrina viajera?

oshá   oshá oshá
me permanecen los huesos y el mapa de la tierra que habité. Un no-lugar que con tu raíz

oshá   oshá oshá
quiero sanar, ataviada de blanco, como mis muertos.

Quince días en el desierto americano (extractos).

MAP

Zazil Alaíde Collins

31°45'39"N 106°29'45"W

w a v e s in   e x p a n s i o n   ≈
    −a flat land
                              Ø at the empty space

-- unexplored desert
                    . me

birds singing   crispy bones   planes
            the city   and me
                      õ
                                  me at the West
^ ^^
  ^ ^

in ladders ⊃ in the mountains
                me with the breeze ~
                    me
            in front of the mirror
                    me
                    Θ

FUNNEL OF LOVE

Zazil Alaíde Collins

LA SERPIENTE DE LOS DÍAS
se va a la fragua
da tregua a mis codos

Caigo con la vida por delante
del sendero   álamo
en Bosque Redondo

Pahoehoe
esquiva mi vieja herida
hambruna de luz con miel

De rodillas   estoy
falling down, down, down
en cascada

en White Sands
down, down, down
en maraña

—Bola de fuego
golpea mi corazón—

Sonic Massages
deslumbran   nébulas
la Milky Way de mi amor

It's gonna get you someday.

OTRA ORILLA

Consuelo Hernández

PASAR A OTRA ORILLA ES SABORERAR
        la lágrima azul de la tristeza
        la gota congelada de un adiós.
Es llegar a un punto indefinible
        perdido en la vastedad de la distancia
con la certeza de la separación...

A paso lento la vida se desborda
los dientes de la luz los migrantes atraviesan
y torres lejanas acarician cielos
        apenas presentidos...

El azar les depara otra arena
        para alzar la tienda de campaña
golpea el viento mundanal
y todos rezan oraciones inventadas
en busca de la solidaridad a toda prueba
para conjurar la soledad y la intemperie.

THE OTHER SHORE

Consuelo Hernández
Translated by Consuelo Hernández and Maria Roof

PASSING TO THE OTHER SHORE, SAVORING
      the blue tear of sadness
      the frozen drop of a farewell.
Arriving at a nameless point
      lost in the distant vastness
feeling the certainty of separation...

The life force slowly overflows
migrants move through biting rays of sun
and far-off towers rise in
      barely sensed skies...

Chance holds another space for them
      to raise their tent
the maddening wind beats down
and all say invented prayers
seeking firm solidarity
to exorcise the elements and loneliness.

INCURABLE

Consuelo Hernández

LA CASA, EL HOGAR DE LA INFANCIA
es deseo que no se sacia
nostalgia que no se cura
sueño que no termina
y dolor que no madura.

INCURABLE

Consuelo Hernández
Translated by Consuelo Hernández and Maria Roof

THE HOUSE, THE CHILDHOOD HOME
is desire that cannot be sated
nostalgia that has no cure
dream that doesn't end
and pain that cannot mature.

¿ES ESTA LA CALLE BROAD EN HARTFORD?

Bessy Reyna

Wherever I am the world comes after me. —Mary Oliver

LA VARA REPOSANDO EN LA PARED DEL FRENTE
de la bodega. ¿Es una caña?

¿Qué está haciendo aquí rodeada de colillas
y frutas tan aporreadas que casi no han
sobrevivido el viaje?

Estas frutas y yo, convergiendo miles de millas de distancia
de lo que fue el inicio de nuestras jornadas.
Nuestras imágenes reflejándose juntas en los pequeños
espacios de la vidriera
que no han sido tapadas con anuncios para Café Bustelo
y detergentes.

Estas frutas. Esa caña. Yo.
¿Qué hacemos en este rincón de Broad Street?
¿Cuánto tiempo pasará antes de que empecemos a recordar
esas brisas tropicales y las atormentadas nubes de nuestras islas?

San Luis, el pequeño pueblo en Oriente, Cuba
donde aprendí a decir *caña*, a saborearla, a querer más.

Juegos infantiles, inocentes, deliciosos como las cañas
que nos robábamos de los trenes cargados en el Central Unión.
Chiquillos peleándose por ser los héroes que liberan las cañas.

Yo quiero adueñarme de esa caña en Broad Street
bailar con ella. Correr de espaldas.
¡Ven, saboréame! me susurra. *Soy tan dulce*

Sí. Yo quiero saborear otra vez esta caña tan dulce.
Quiero disfrutarla ahora como lo hice antes. Ella quiere
que la posea, que la haga mía en medio de la calle.

Mis labios la rodean
mientras ella me promete llevarme al pasado
ser tan dulce, tan dulce,
como las tardes en San Luis cuando lo único que nos
importaba era el sonido del tren tentándonos.

Sígueme, sígueme, sígueme, sígueme.
Tengo caña tan dulce, tan dulce.

IS THIS REALLY BROAD STREET, HARTFORD?

Bessy Reyna

Wherever I am the world comes after me. —Mary Oliver

A STICK LEANING BY THE FRONT WALL
of the bodega. *Una caña.* A sugar cane.

What is she doing here surrounded by cigarette butts
and overripe tropical fruits which, by the look of them,
didn't survive the voyage?

All of us converging,
thousands of miles away from where we started,
our distorted reflections staring from small sections of glass
not yet covered with flyers for Café Bustelo
and laundry detergents on sale.

These fruits, this sugar cane, me.
What are we doing in this corner of Broad Street?
How long will it take before we start conjuring
tropical breezes and looking for the tormented
clouds of our islands?

San Luis Oriente, the small Cuban town
where I learned to say *caña*, to taste it, to want more.

Childhood games, pure, delicious like the sugar
cane we stole from the trains loaded at the Central Unión.
Boy heroes fighting to be the one to release the canes.

I want to grab the sugar cane on Broad Street
dance with her. Run backwards.

Come, taste me, I hear her whispering. *Soy tan dulce.*

Yes. I must taste her again. *Esta caña tan dulce.*
I want to have her now as I did then. She wants
me to unveil her, to make her mine
in the middle of the street.

I close my lips around the meat
while she promises to take me
back, to be *tan dulce, tan dulce,*
like the afternoons in San Luis when the only thing
that mattered in our world was the sound of the train
enticing us *Sígueme, sígueme, sígueme, sígueme.*

Follow me, follow me, follow me.
Tengo caña tan dulce, tan dulce.

LA SEÑORA LEONOR

Bessy Reyna

LA ÚLTIMA VEZ que vi a la señora Leonor, tenía puesto
un vestido de algodón sin mangas y viejo.
La nuca y los brazos cubiertos con talco para niños.
Sentada sola, gesticulando, conversando en voz alta
con puntos que estallaban como estrellas
dentro de la pantalla del televisor.

Le susurré *¿Cómo está?* muy bajito para no asustarla.
Ella volteó la cabeza, sonrió y enseguida
reanudó su conversación
hablando un idioma que solo ella entendía.

Años atrás, temprano en la mañana,
la primera vez que entré al comedor a la hora del desayuno
ella me miró, puso otro plato en la mesa y preguntó
¿Quieres tortillas de maíz y huevos fritos?
Sí, y café, por favor, le contesté.

Meses después ella y yo conversábamos sobre su vida,
sin nunca mencionar las noches que yo pasaba
en el cuarto de su hija,
la puerta siempre cerrada con llave.

La última vez que la vi,
frente a su casa un policía golpeaba a su hijo,
tirándolo en la acera
porque cuando manejaba su destartalado pickup
no se detuvo en la luz roja.

La señora no notó que los vecinos
se amontonaban como un coro
en el drama aconteciendo en la entrada.

No escuchó nuestros gritos
fundiéndose con el sonido de las sirenas.

Inmutable ella continuó su conversación
con los personajes imaginarios
en la pantalla vacía del televisor.

LA SEÑORA LEONOR

Bessy Reyna

WHEN I LAST SAW LA SEÑORA LEONOR, SHE WORE
an old sleeveless cotton dress.
Neck and arms covered with baby powder.
She sat by herself, gesturing, talking loudly
to dots bursting like stars
from the TV screen.

I whispered *¿Cómo está?* very softly, afraid to frighten her.
She turned her head just so, smiled, then
went back to her conversation,
speaking in a language only she understood.

Years before, very early in the morning
when I showed up at her breakfast table for the first time,
she glanced at me and added another place setting.
Do you want tortillas de maíz y huevos fritos?
Sí, y café, por favor, I replied.

Later on, she and I would talk about her life,
but never about my nights in her daughter's room,
door locked at all times.

Outside her house that last day
a policeman was beating her son, throwing him
to the ground because he had run a red light
in his dilapidated pick up.

La señora did not notice the neighbors
gathering like a chorus
in the real life drama at her doorstep.
Did not hear our screams
blending with police sirens.

Undisturbed, she continued her conversation
with the imaginary characters on her blank TV screen.

EN LA MITAD DEL ZARANDEO

Alberto Pipino

FUE COMO UN SOPLO EN EL CUELLO,
creí que era un beso cuando algo me abrió
en dos y dejó un hueco,

entonces me sublevé hasta unir
los lados con una pasarela
de voces naturales.

Debajo, insondable, el poso se llenó
con sangre seca como especia
negra y algo de razón,

residuos del ser constante.
En el medio de los opuestos arde
el tajo ciego, el agujero de Dios

hecho agonía enunciada,
ni verdadera ni falsa,
solo ilusión existencial.

Páramo que cambia en víbora
o en vía, según la ponzoña
que se beba o el peaje que se abone

al cruzar la fábula que une la diestra
con la zurda, entre un centro
de asombro y miedo.

VENAMÍ EN HALLOWEEN

Alberto Pipino

a *Lishy Mullen*

LA TARDE LE SUELTA LA LUZ AL DÍA Y ALBERTO VENAMÍ
con amigos festejan no estar muertos
ni ser respetables.

Hace un giro, casi un can en busca de su cola,
golpea un atabal alcahuete
                  amarrado a la cintura,
vira en redondo una y otra vez, baila junto
a Donna en su túnica de retazos
que alardea de boa saciada
y de Samantha repicando un pandero, caliente
por un pibe unido al cortejo que se exhibe y
tararea igual
                a un gorrión en celo.

Abrazan con la mirada a transeúntes y vecinos
pues un beso u otra caricia está vedada
en el nuevo ciclo social.

      Pintarrajeados,
vestidos como muñecos de trapo y paja siguen
el ritmo que consagra a Hamilton Heights
como un país inventado a la medida
de un viajero sin fin.

Frente a la escultura del Hombre Invisible,
en memoria de Ralph Ellison
                    en Riverside Drive
y la calle 150 el grupo hace mímicas, simulan
ser abstractos, vagos, transparentes.

    La murga
va hacia el norte, dobla al este en la 155,
bordea sepulcros a medio llenar,
con golpes de vista y aplausos
                 busca asustar
al agua que no circula; una bandada de aves
cubre de heces al falo de piedra que evoca
al naturalista J. J. Audobon
en el Cementerio y mausoleo de Trinity Church,
    en desagravio
por las víctimas de la ornitología y del arte.

Ahora en la 151 oeste amagan con bajar al río
Hudson pero cruzan Broadway
espantando moscas, quieren despojar
de éxtasis
     a la muerte y
     retozan de un lado a otro
en zigzag para que las pérdidas no sepan volver,
¿truco o trato?

Un tilín, tilín, del pastor Ted Seitz
invita a un café, a una galleta, a un *joint*,
a un barbijo desechable.

LA HIGUERA DE MI INFANCIA

Alberto Pipino

a Pina Pipino

EN EL ZOO DEL BRONX, MIENTRAS VAGO
entre las jaulas, con el rugido
de un tigre llegan imágenes que no están
en fotos, íconos o páginas
      sino vivas.

La raíz de la higuera rompe las baldosas,
un relámpago de leche
ilumina un túnel hacia el azar.

En la cena mi hermana hace
un agujero con el índice en la miga de un pan,
lo llena de aceite y me lo ofrece,
mamá canta el "caminito que el tiempo
ha borrado" y mal o bien
      continúa lavando
su búsqueda en el piletón del patio.

Más tarde trepo por las ramas a los techos
del conventillo, debajo de una
pandilla de astros
      juego a que estoy
sin infierno o edén, muerto en una carroza
tirada por centauros.

Al otro día bajo por la higuera junto
a Sandokán, el Tigre de la Malasia, y
antes de darme cuenta,
mi vida resiste como la fiera
sitiada que hoy va de un lado a otro,
enfurecida por el rugido
      de fanáticos
en el vecino Yankee Stadium.

EN BUSCA DE SILENCIO

Alberto Pipino
                              a Cándida Feliz

SEPARADO DEL RÍO DE LA PLATA, DEL RETORNO,
oye el runrún de un avión
               que va al sur,
desde lo alto del Washington Bridge sin
asco despioja el pasado, desafía
la prudencia,
   vuela al vacío.

En su sobrevuelo el gorrión, una parte
ave y otra humano,
               casi un zahorí con alas
en lugar de brazos, corazón rajado
y cerebro burbujeando
               cruza a una mirada
de fuego de ambrosía y psiquis abierta
que lo cautiva
en la 151 y Broadway.

Turbado se da baños de tierra, destila
aceite afrodisíaco, deja al deseo
incubar en su nido
         de papel arrugado,
palabras al sol, sabor a tinta, olor a yerba.

Su plumaje va de un zigzag oscuro a una
rebeldía cordial,
         su pecho prieto es un alcaucil
deshojándose de tristezas
y despistes, de voces
que chillan igual

      a una lata raspada,
ávido busca bichos, charcos de vino,
restos de puchos y fruta en aceras,
callejones y patios
      de Hamilton Heights.

Ah, Riverside Drive no solo ampara
a viajantes sin fin, también es
un abismo fértil para improvisar el país
deseado y unir
      lo que queda de uno,
poner el pico bajo el ala,
entregarse a las caricias del tiempo, a
los murmullos
      del río celoso.

Vivaz, confunde al Hudson con el cielo
y a una anguila de cristal
      con una estrella fugaz.

POESÍA BASURA

Jacqueline Herranz-Brooks

POESÍA BASURA* (2014-2020)** es un diálogo con una frase de la artista visual Moyra Davey ("I want to make some photographs, but I want them to take seed in words") y mi deseo por explorar otras plataformas para mi escritura, la cual quería documentar en la calle. Inicialmente conformaron el proyecto ***Poesía basura los textos que escribí para los objetos abandonados por los vecinos de mi cuadra desplazados por el aumento de los alquileres en el área de Queens, donde me mudé hace ya varios años.

En 2019, las fotografías que documentan la ubicación de algunos de los poemas del proyecto, junto a otros textos escritos directamente en objetos encontrados y en áreas abandonadas en Nueva York, Chicago, La Habana y Ciudad México conformaron el libro *I Want You*. La edición limitada de este foto-libro se realizó con una beca de Queens Council on the Arts (QCA) para el Festival del Carro Arte ideado por la organización de base SeQAA en el verano de ese año.

POEMA DE LA MESA REDONDA

Jacqueline Herranz-Brooks

AUSTIN STREET, QUEENS, NY.

Y mientras voy repasando la vida vieja,
se me va colando la vida de ahora,
el recuerdo que ya tengo de la vida esta
y por eso, aunque no venga al caso,
me acuerdo de ti preguntándome:
¿qué necesitas para escribir?
un círculo como este
un espacio donde dejar la marca de los dientes
donde arañar sin uñas
su similitud de óvalo de luna.

POEMA DE LA MESA CUADRADA

Jacqueline Herranz-Brooks

AUSTIN STREET, QUEENS, NY.

Todo está en el piso:
el cenicero, la reproductora, el libro sin revisar, la libreta sin anotar,
el lápiz sin su punta, el borrón de una tinta
corrida por el sudor del codo, el humor de una hormiga
en la rendija de una loza,
la huella hueca de la cama sola,
la hueca huella de una sombra y la sombra
del colchón
vacío
en las losas del piso. Todo en el suelo:
alrededor de la colchoneta.
Vengo a la mesa, apoyo el codo
y anoto:
probablemente vivir se reduce a esto:
arrastrarse un poco y llegar hasta aquí
reptando. Levantar la tapa, para que no se acumule el aire
en lo que está vacío, para que no queme el pavor,
que es nada más que pérdida.

POEMA DE LA PANTALLA INTACTA

Jacqueline Herranz-Brooks

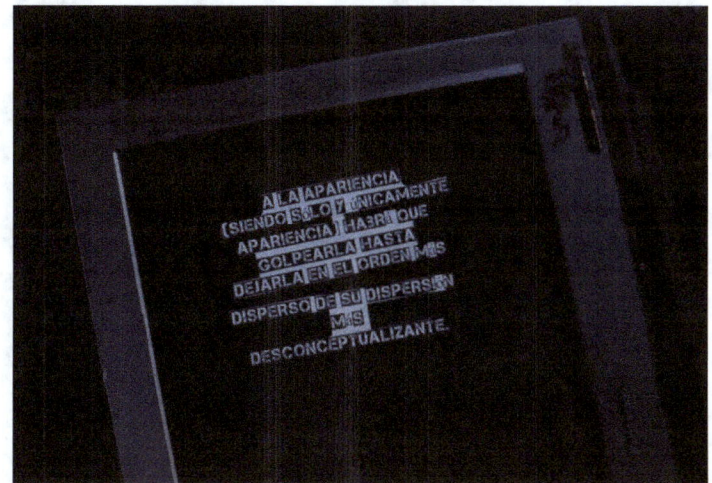

METROPOLITAN AVENUE, QUEENS, NY.

A la apariencia
(siendo solo y únicamente apariencia)
habrá que golpearla hasta
dejarla en el orden más disperso
de su dispersión más desconceptualizante.

POEMA DEL COLCHÓN

Jacqueline Herranz-Brooks

AUSTIN STREET, QUEENS, NY.

En la esquina hay una cama y en la cama un cuerpo enredado en una sábana. Desde la esquina me llega la voz de Clara que va acercándoseme y me dice: "No te preocupes, que a ella no le importa". Y dicho esto, va a prendérseme del cuello llamándome Maritza, que es el nombre que le dije que me llamo yo, cuando nos conocimos en el bar.

MENSAJE DE TEXTO

Jacqueline Herranz-Brooks

23rd STREET, MANHATTAN, NY.

A: I'M HERE UNTIL I HEAR FROM YOU THAT YOU WILL BE DOWN.
B: I WENT DOWN BUT YOU WEREN'T THERE I'M STILL HERE AND I WILL WAIT UNTIL.

FICCIÓN

LA DIVERSIDAD DE LA FICCIÓN

La sección de ficción de este número incluye los trabajos de Carlos Ponce Meléndez, Víctor Manuel Ramos, John Madera, Pablo Brescia y Naida Saavedra. Varios de estos escritores que han publicado extensamente en Estados Unidos y/o en sus países de origen, México, República Dominicana, Puerto Rico, Venezuela y Argentina. La diversidad de los textos aquí presentados no se limita a la temática: desde monólogos interiores durante estados semi-delirantes hasta las andanzas de un reportero cubriendo su primer crimen. El desarrollo de esas historias se lleva a cabo en diferentes tipos de entornos y con diferentes estructuras y recursos técnicos. En algunos relatos, es el paisaje interior, aquel delineado por el decurso del pensamiento de los personajes. En otros, los escenarios de la acción o las interacciones entre los personajes son vívidamente presentados en la página. Tienen en común que se trata de entornos desafiantes o situaciones nuevas a los que tienen que responder desde un lugar interior también nuevo, forjado a partir de las experiencias y solidificaciones en su identidad que, en su calidad de seres deseantes, los han conducido hasta ese momento.

Estos textos, en su conjunto, nos introducen en la vida de los latinos en los Estados Unidos desde una pluralidad de voces. La de una mujer que ha atravesado y se ha perdido en el desierto para ser detenida por alguien que le pide los papeles, en una narración de **Pablo Brescia**, "Nada personal", que se desarrolla en un lugar inidentificable, no exenta de un humor medido y con ribetes de ficción especulativa. Sin embargo, la historia trasluce la extenuante travesía y la incertidumbre que acompañan a aquellos que llegan a las puertas de entrada de este país "sin papeles".

¿Dónde encuentra un escritor su inspiración? La breve pieza de **Carlos Ponce Meléndez**, "Yo escribo porque tengo coraje", despliega humor y soltura de huesos para revelar los pensamientos del yo narrador al respecto. Un escritor que cavila acerca de las dificultades que tiene para concentrarse y permanecer motivado, y quien arriba, luego de examinar su entorno cercano, finalmente, a un tema que lo apasiona, tema que le permitirá, espera, *"escribir para cobrarme algo de lo que me debe la vida"* y sacarse el clavo.

Víctor Manuel Ramos, con su "Bautismo de sangre", introduce a los lectores a las ajetreadas calles de Brooklyn para acompañar a un periodista que, con ingenio y perseverancia, busca la "exclusiva" de un crimen. Un elemento notable en esta historia es la interacción entre los personajes, cuya verosimilitud nos acerca a la vida de esos personajes. Con el protagonista nos adentramos en los manejos de la crónica sensacionalista, una tradición en el periodismo de algunos países latinoamericanos que ha encontrado una acogida similar en este país.

Un relato de aproximadamente tres mil doscientas palabras contado sin puntos seguidos o aparte; el flujo de pensamiento de un hombre que en un momento crucial de su vida da cuenta de ella en un recorrido acelerado por los recovecos de sus memorias, sus deseos, sus aspiraciones; todo ello intercalado con el momento presente y agudo y sus efectos en su cuerpo, en su mente, en su existencia, **John Madera** nos ofrece en "Nature under constraint and vexed" un ejercicio narrativo intenso, controlado y a la vez enriquecido con ritmo y lenguaje vertiginosos.

Naida Saavedra, por su parte, logra representar el impacto que un término como *overworked* tiene en la mente de una hispanohablante que de repente se ve envuelta en una situación laboral asfixiante, y cuya lengua nativa no le sirve como base para traducir la dimensión del agotamiento y las dinámicas que dicha rutina implica.

YO ESCRIBO PORQUE TENGO CORAJE

Carlos Ponce-Meléndez

¿A POCO NO TE PASA? A veces quieres escribir una historia que se te ocurre y que te parece genial pero cuando te sientas y la comienzas a escribir piensas: pero que pendejada estoy diciendo, esto es una mierda, ¿a quién le va a interesar este cuento? Yo por eso mejor ya no pienso. Mejor me siento con un lápiz y papel en blanco y comienzo a poner palabras a lo loco. Al rato, si tengo suerte, me sale una frase sabrosa, algo que me deja sorprendido, y pienso ¿Cómo no se me había ocurrido esto antes? A lo mejor soy un genio. Entonces sigo escribiendo, desarrollando mi idea hasta que me siento tan entusiasmado que digo, esto está muy bueno para tratarlo ligeramente, mejor aquí lo dejo pues tengo que pensar más, elaborar mejor mi historia, aquí tengo algo gordo, voy por buen camino. Es como si la responsabilidad de escribir una chingonería me pesara demasiado y no quiero echarla a perder, me da miedo dañar mi cuento y para hacer las cosas como se debe, siento que debo tomar un descanso, ver mi escrito con calma, estudiarlo. Así lo hacía Tolstoi, o Kenzaburo Oe, o quien sabe quién, pero era algún escritor famoso, lo leí en alguna revista, así que decido seguir ese consejo y me pongo a ver algún concurso bobo en la televisión, o sigo leyendo el libro de Bolaño que no puedo acabar. Al otro día cuando me siento a seguir con mi relato caigo en cuenta de que no sé cómo seguirle. ¿Para qué lo dejé ayer? Qué bruto, como que se me fue la onda y por más que me paso un buen rato sentado tratando de seguir con mi inspiración de ayer ya no la encuentro. Soy un pendejo. Entonces me acuerdo de la plática del Dr. Lamond que vi en un documental en la tele de cómo superarse para conseguir todo lo que uno quiere. Bueno, según el tal Lamond, no hay que insultarse uno mismo, si uno mete la pata y comete un error, hay que echarle la culpa al universo, o a nuestros padres, o al sistema educativo, pero nunca a nosotros mismos porque entonces nos deprimimos y con ello lo único que hacemos es hundirnos aún más en nuestro abismo. Y para colmo de los males ni le hacemos ningún favor al mundo pues ya hay muchos deprimidos y locos por todos lados, los únicos que salen ganando son los psicoanalistas que viven de los aplatanados y las farmacéuticas que tienen ganancias fabulosas vendiéndonos píldoras para la melancolía y el apachurramiento. Es un chingón ese Lamond, y no andaba tan errado en eso de que la culpa de sentirse jodido es de los padres o de las escuelas. A mí por ejemplo, mi madre me acomplejó vistiéndome con pantalones cortos para mi primera comunión. Todos mis primos se burlaron de mí y a escondidas el desgraciado de Manuel me dijo que se necesitaba ser joto para ponerse pantalones cortos. Total, que años después resultó que él es el que salió homosexual, el primero en la familia, al menos que se sepa. Pero bueno, el caso es que lo de los pantalones cortos me debe haber traumado, yo sacaba buenas notas en la escuela porque quería ser violinista, pero desde ese día se me quitaron las ganas. ¿Cómo vas a salir tocando el violín en el teatro? Me preguntó Manuel, vas a ser el único músico enseñado las piernas y así nadie se va a fijar en tu música por estar viendo tus piernas de gallina. No, ya de grande ya no voy a usar pantalones cortos, le contesté, pero Manuel insistió: Yo oí decir a mi tía Chela que ella te va a obligar a usar pantalones cortos porque así se usa en París y ella quiere que sigas la moda de Francia para presumirle a sus amigas. A la mejor la culpa de mis fracasos no es de mi madre sino del idiota de mi primo. Se aprovechaba que era un par de años mayor que yo para burlarse de mí y atormentarme constantemente. A lo mejor debería escribir un cuento sobre él, le sé muchos chismes y le puedo encajar otros más, claro que no lo identificaría por nombre para no echarme a mi tía Cuca encima, no way, mi tía me mata si sabe que hablo mal de su chulo. Pinche tía, de plano cree que parió a un santo y que además es un galanazo. Yo creo que por eso su Manuelito le salió maricón. Sí, de plano voy a escribir una novela basada en la vida de Manuel, lo puedo ubicar en París para que mi tía no sepa que estoy escribiendo sobre su hijo, pero voy a poner suficientes pistas para que mi primito de mierda y sus amigos sepan que se trata de él. En lugar de que sea bailarín clásico lo voy a poner a bailar música ranchera que él odia tanto, y su novio que es italiano va a ser un mejicanote bigotón, prieto y panzón para que se pudra de coraje, ja, ja, ja. Ahora sí encontré una historia que me motiva y no voy a parar hasta terminarla pues ya me anda por ver la cara de Manuel cuando la lea, esto se llama inspiración divina, esto se llama escribir para cobrarme algo de lo que me debe la vida. Como dice Orhan Pamuck: yo escribo porque tengo coraje, mucho coraje. Ahora lo entiendo y yo también escribiré para saldar cuentas con los que me jodieron de niño, con los policías corruptos que me han detenido tantas veces para sacarme dinero por faltas de tráfico inventadas, con los políticos rateros que se quedan con el dinero para hacer escuelas, con los gringos que nos robaron la mitad de nuestro territorio y nos invadieron cuando se les pegó la gana, pero sobre todo con el pinche Manuel que me quitó mis ilusiones de ser violinista y se burlaba de mí. Pinche mundo loco, ahora va la mía.

BAUTISMO DE SANGRE

Víctor Manuel Ramos

ONÍS GONZÁLEZ IBA TARDE al trabajo el día en que recibió la llamada que lo convertiría en reportero de crimen, a unas semanas de andar tras la pista de temas generales que no excitaban su imaginación; esos eventos coordinados por este o aquel político anunciando fondos para programas, las invitaciones a ver los beneficios de dichos programas y las continuas protestas de pequeños grupos de personas que aducían discriminación y preparaban alguna demanda para recuperar alegados daños. Salía del tráfico de Meeker Avenue cuando su bíper comenzó a convulsionar, haciéndole retorcer el rostro al ver el número: lo buscaban en la redacción.

Forzó su paso para salir del carril de en medio, ignorando los bocinazos, y tomó la última oportunidad de salida a la boca del Puente Williamsburg. Esa movida lo llevó al laberinto de calles de una vía en la punta del South Side de Brooklyn y manejó al costado del puente hasta llegar al río, donde la silueta de Manhattan se alzaba como una realidad a la vez cortante e ilusoria. Daba la vuelta hacia un vecindario de factorías y edificios dilapidados cuando el bíper sufrió temblores una vez más. Quien llamaba había puesto el código de emergencias, nueve-uno-uno. Él miró su reloj de pulsera: las diez y quince cuando se esperaba que llegara a las diez a la redacción, y andaba del lado equivocado del East River. La noche anterior había sido larga y más o menos placentera con sus amigos, y aquella excompañera de los años universitarios que lo dejó entrar a su apartamento, así fuera para resistir casi una hora de incitaciones sinsentido.

Se detuvo en el espacio abierto del encintado al lado del hidrante, cerca de una bodega de esquina, y salió del carro. Se inclinó hacia adentro para obtener su cuaderno y algún menudo del cenicero. El lapicero lo llevaba en el bolsillo. Un hombre al borde de la obesidad, arropado en una camiseta de los Giants, que le quedaba floja, se apoyaba sobre la caseta del teléfono y miraba a Onís sin expresión.

Solamente cuando él se detuvo frente al teléfono, y se le quedó mirando, el tipo se quitó de en medio con una lentitud que irritaba. Después de un par de timbrazos le contestó ese recepcionista pesado que, semana tras semana, se negaba a apretar el botón que abría la puerta hacia la redacción hasta que Onís le mostrara su identificación.

El tipo del botón seguía fiel a su personaje y, sin devolver el saludo, le preguntó a quién llamaba y transfirió la llamada antes de que Onís terminara de hablar.

"¡Essstúpido! ¿Qué coño es su problema?".

El gordo, al otro lado de la acera, se afincaba sobre uno de esos receptáculos de llamadas de emergencia inactivas que afeaban las esquinas, y que desde hacía años no servían para llamar a los bomberos o a la policía. Desde allá se mofó abiertamente de la exasperación de Onís.

"Hola. Habla Nelly Rivera", llegó el saludo.

"Hola, qué tal Nelly... Es Onís..."

"Uf, ¿por qué tardaste tanto en llamar? ¿Dónde estás?".

Onís escogió la primera pregunta.

"Lo siento, estas porquerías de teléfonos nunca sirven. Tú sabes, este me comió el cambio y...".

Al voltear, Onís vio que el tipo gordo sonreía. Onís reconoció en esa expresión suficiente detalle para imaginar lo que el sujeto pensaba: *Todos mentimos. Todos somos unos malditos mentirosos.*

"Dime, ¿dónde estás?", siguió Rivera. "¿Ya cruzaste a Manhattan?

Onís miró directamente al gordo y volvió a mentir.

"Sí, sí, claro que estoy en Manhattan. Estoy a la vuelta de la esquina. He estado dando vueltas porque...", se detuvo un instante. "No puedo encontrar estacionamiento por aquí. Hay filas de carros en estacionamiento doble. Tú sabes, es día de barrer y la gente no suelta esos parqueos...".

"Yo estaba deseando que estuvieras todavía en Brooklyn".

Onís echó un vistazo a su alrededor. Solamente el tipo ese estaba ahí, ocupado en tapar la brisa con la mano para encender un cigarrillo.

"Bueno, yo...".

"Tengo algo que decirte y no hay tiempo... Espera...".

Él la oyó hablar a alguien en la sala de redacción de la manera muda en que llegan los sonidos cuando una mujer se pone el auricular en los senos. "Él dice que está a la vuelta de la esquina", y después algo más que él no alcanzó a entender, y luego "pero De la Hoz está de vacaciones" y otras palabras que no captó.

La voz en el trasfondo era de la directora del periódico a la que muchos del personal habían aprendido a temer por su estilo de gerencia a quemarropa: "Que se joda. Envíalo de todas maneras y que se devuelva por donde vino", la oyó decir.

"Escucha, escribe esto", Rivera dijo.

Él puso otra peseta en el teléfono y sonó un pitido mientras el aparato se la tragaba.

"Quiero que te devuelvas y vuelvas a cruzar el puente. Tenemos un homicidio en Brooklyn que necesitamos que cubras".

"¿Dijiste un homicidio? ¡Perfecto! Ojalá sea un caso interesante".

Onís vio cómo el gordo quitaba su pie del receptáculo de llamadas y alternaba piernas.

"Sí, es por la orilla de Brooklyn y Queens; por eso hubiera sido mejor si estuvieras más cerca, pero... mira, esto es lo que hay: un hombre hispano apuñalado a muerte en una especie de evento social; no sabemos de qué tipo ni cuál fue el móvil del crimen. Ve allá y averigua todo lo que puedas. Yo estaba deseando que pudieras llegar antes de que otros medios se enteren, porque tenemos esta pista en exclusiva antes de que lo pongan en el reporte del día, y hay posibilidad de resaltar el caso para portada si consigues algo sólido. Tengo un fotógrafo en camino para que te acompañe, a ver si sale algo que valga la pena".

Él tomó la dirección y el nombre parcial de la víctima, una inicial y apellido. Dibujó un mapa mental: estaba cerca de la vía elevada de la autopista y tendría que cruzar el Puente Kosciuszko en el B.Q.E. Estaba a unos diez minutos del lugar, tal vez menos.

"No te preocupes, salgo para allá".

Colgó, y el gordo le habló como si él hubiera sido parte de la conversación telefónica —y tal vez lo había sido.

"¿A quién desenchufaron?".

Onís se detuvo a mirar su rostro y notó que el hombre sonreía.

"¿Desenchufaron?".

"Tú sabes, que le apagaron las luces...", se puso el índice al lado de la sien, a manera de pistola, y la disparó con su bala y explosión imaginaria. "¡Puff!", dijo. "A cualquiera lo mandan al otro mundo de un tiro".

Onís se metió en su carro, tiró de la puerta y activó la ignición.

"No fue un tiro, pero no es asunto tuyo", dijo, y arrancó.

#

Onís se detuvo frente a la cerca negra de hierro forjado desde donde se podía vislumbrar la curvatura de un domo. Caminó hacia adentro y hasta la entrada. Delante tenía una alta pared de color crema que se levantaba entre dos grandes torres, a las que coronaban un par de domos menores con campanas.

Dio unos pasos hacia la entrada y se detuvo a apreciar la vista. Sus ojos se encontraron atraídos por la fastuosa túnica en azul y rojo del lánguido personaje en un mural en mosaicos—los brazos abiertos y su rostro recatado despedían un aire de autosatisfacción, típico de cualquier redentor que se diga con potestad sobre el destino de las almas.

Hizo algunos apuntes en su cuaderno: gran domo, crema, entradas con arcos, Jesús en túnica azul y roja (¿resucitado?), brazos abiertos. *Detalles, detalles,* pensó, *la materia prima.* Verificó la dirección en su cuaderno y miró alrededor. No había nadie. Caminó hasta la puerta para el templo principal y tiró del manubrio. Estaba trancada. Escribió el nombre que vio en un boletín cerca de la entrada, anunciando las horas de culto. Era una iglesia ortodoxa griega.

Estaba estudiando la fachada cuando una voz rasposa lo sobresaltó:

"Entonces, bróder, ¿vamos a rezar por alguien aquí?".

Este hombre, que en sí no era alto, se veía más pequeño por los shorts que le llegaban hasta las rodillas. Estaba ahí, chupando una colilla, su cara de barbilla torcida escondida en parte bajo el pico de una gorra de los New York Yankees. Llevaba un bolso de lona desteñida al hombro y de su cuello colgaba un manojo de pases de prensa para una variedad de lugares y eventos.

"...Porque yo no sé qué mierda puede estar sucediendo aquí. ¿Por qué nos van a mandar a una puta iglesia sin mirar la dirección primero?".

Onís vio al tipo voltearse, agitar sus brazos al aire, y hablarle al espacio abierto.

"¿Por qué tú crees que somos los únicos idiotas aquí?".

Volteó y contestó su propia pregunta.

"Porque nuestros jefes no saben qué carajo hacen. Estos mensos en la oficina no saben ni mierda...".

Entonces se dio cuenta de algo. Se tocó la cabeza con un dedo.

"Lo siento. ¿Tú eres el muchacho nuevo, verdá?".

"Empecé hace algunas semanas".

Se presentó como Alberto Rodríguez, le dio la mano, y dijo que le llamara Berto, "el mejor fotógrafo que vas a conocer aquí", dijo. Onís le dijo su nombre, sin apodos.

"Ta bien, bróder," siguió. "Aquí no hay na que hacer. Un placer conocerte".

Se volteó para caminar hacia la calle.

"Espera, Berto. Si acabamos de llegar".

"Pero la misa es los domingos".

Se río con su carcajada rasposa, que se convirtió en una tos de fumador. Se quitó la gorra, luciendo su cabello negro y aceitoso, cortado bajito, y Onís vio la malicia del sarcasmo en el brillo de sus ojos y en sus patas de gallina.

Miró a Onís con una sonrisita. "Yo no veo ninguna cinta amarilla ni ningún altar a ninguna víctima de asesinato por aquí...". Miró y apuntó hacia arriba. "A menos que estemos hablando de Jesús, que Dios me perdone, pero eso es noticia vieja mi pana".

Onís tuvo que reírse.

"Mira, tengo que tomar el tren Q".

"Espera", insistió Onís. "Vamos a mirar por lo menos".

"Me parta un rayo", dijo.

Berto exhaló: "Sí, verdad que tú eres nuevo en esto".

#

Onís le dio la vuelta al edificio mientras Berto encendía otro cigarrillo, muchos pasos detrás. Encontraron una entrada al lado de la rectoría y Onís gesticuló. Se acercó y levantó un picaporte barroco en la pesada puerta de madera y repitió el movimiento para golpear la puerta varias veces. Berto le tocó el hombro a Onís y apuntó con su barbilla hacia arriba, donde había una cámara de seguridad sobre el marco de la puerta, apuntando directamente hacia ellos. Onís mostró su pase de prensa, una tarjeta de color anaranjado brillante, a manera de placa, que le colgaba del cuello por un cordel. Esperaron y nadie llegó.

"*Man*, este no ha sido mi día", se quejó Berto. "Tuve que salir corriendo de casa porque mi mujer me estaba tirando vainas, y ahora me tienen que enviar aquí a esta pérdida de tiempo. Ta bien cabrón, bien cabrón. ¿Tú sabej'lo que'jeso? ¿Que te boten de tu propia casa? Coño, ta cabrón, despué' que yo pagué la renta del mes".

Onís no dijo nada.

"Ella me odia y yo no sé por qué. No importa lo que yo haga. Esa mujer nunca está feliz. No importa lo que yo haga, bro. Te lo juro".

"Nadie contesta", dijo Onís.

"Pfff... Yo te podía decir que eso iba a ser así, pero ya veo que tú eres cabecidura".

"Vamos a mirar por el otro lado", Onís dijo.

Onís había recorrido una buena distancia alrededor del edificio cuando Berto decidió alcanzarlo.

Le gritó: "¡Deja esta mierda ya! Vas a aprender: esta gente nos manda a perder el tiempo a cada rato, y si te llevas de ellos, vas a andar como una gallina despescuezá, aleteando pa'rriba y pa'bajo, mi hermano. Créeme... y ellos allá en la oficina, cogiéndose fresco".

Onís se detuvo ante una senda que llevaba a una entrada al piso inferior. Miró a través de las ventanas a ras del suelo y vio que las luces estaban encendidas. La lacería en patrón de diamantes sobre el cristal y el sucio de décadas no le dejaban ver con claridad. Caminó hacia abajo y haló del largo manubrio. Le sorprendió que la puerta no estaba trancada. Entró a un rellano que llevaba a otra serie de escalones y hacia un amplio salón. Era el tipo de espacio que parecía inspirado en cafeterías escolares y que usan las iglesias para realizar sus cafés después de los servicios religiosos y para patrocinar noches de bingo para los feligreses más fieles. Se tomó un momento para asimilarlo todo—mesas volteadas, confeti regado por todas partes, un abanico de grandes aletas que rotaba en su velocidad más lenta sobre el cuarto vacío y, en medio del salón, una gran mancha de sangre fresca, untada sobre las falsas tejas en blanco seda. Trazos en varios tonos rojizos llegaban hasta esos mismos escalones donde se encontraba.

Berto entró, un soplo de humo flotando desde su boca: "No entiendo qué es lo que...".

Se detuvo y miró.

"¡Ea diantre!" — exclamó.

Abrió su bolsa y sacó su cámara en un par de movidas ágiles. Se volteó el pico de la gorra hacia atrás, un reflejo que demostró a Onís que este tipo había estado haciendo su trabajo por mucho tiempo. Ajustó la intensidad del flash, tirando varias fotos en blanco. Bajó los escalones mientras tiraba más fotos y corría la palanca de avance, una y otra vez, una y otra vez. El flash escupía destello tras destello.

Onís tomaba notas: salón abierto, abanico de techo activado en lento, mesas volteadas, confeti, botellas en el piso. Bajó los últimos escalones, recogió una botella, y escribió: botella marrón, CERVEZA TECATE, HECHO EN MÉXICO. Encontró una pequeña cruz blanca en cerámica barata, la diminuta forma de un bebé arropado sobre ella y, en la cinta enlazada que le enmarcaba, una inscripción en letras cursivas: "Mónica Bautizo – 05-05-1996".

Lo anotó todo. Detalles, los detalles cuentan la historia.

#

Un hombre bastante macizo entró cuando Onís y Berto inspeccionaban el salón. Pantalones negros con rayas en negro brillante a cada lado, camisa blanca apretada, chaqueta negra desabotonada, barba roja como si estuviera prendida en fuego, mejillas gordas, y cuando habló su voz sonó como el estruendo de un barítono solista, una garganta llena de telarañas.

"¿Qué, en el nombre de Barrabás, hacen ustedes aquí?".

Berto miró a Onís, contorsionó su cara: "¿Qué? ¿Quién?".

Onís se acercó al hombre, exhibiendo sus dientes en gesto de animal amistoso.

"Lo siento, pido excusas, ¿señor...?".

Levantó el pase de prensa autorizado por la policía que llevaba al cuello.

"Somos la prensa" dijo, "y...".

"Me importa el culo disecado de una rata quiénes son ustedes. No están autorizados para estar en esta propiedad y no tienen nada que buscar aquí".

Berto se acercó a Onís, alzando las manos. "Ya nos íbamos, señor, estábamos por salir...", y mientras pasaba detrás del hombre guiñó el ojo e inclinó la cabeza en la dirección de la puerta para indicar a Onís que le siguiera, pero no se detuvo a esperar si lo hacía. Él tenía las fotos que necesitaba y se iba a largar de ese lugar antes de que pasara cualquier otra cosa.

"Voy a llamar a la policía y acusarlos de violación de propiedad privada; ¡son unos canallas!", dijo el hombre.

Onís estimó el tamaño del tipo en unos seis pies y cinco pulgadas; en todo caso, más alto que el hombre promedio.

"Ustedes se metieron aquí como ladrones que invaden una morada y los tengo grabados. Eso es conducta criminal, jovenzuelo, y tú lo sabes".

Onís siguió a Berto y alzó sus brazos, todavía sosteniendo el lapicero y cuaderno a plena vista, mientras le pasaba por el lado y reculaba.

"Caballero, yo estoy aquí haciendo mi trabajo y entré porque nadie contestó y la puerta no estaba cerrada... Yo simplemente estaba..."

"Jovenzuelo, voy a asegurarme de que paguen por esto".

Onís se dio cuenta de algo, armando la escena que tenía en frente—la cara de ese hombre inmenso, poniéndose cada vez más roja, y sus brazos agitándose en el aire, y su voz rebotando en los espacios vacíos: el hombre tenía miedo. Onís dejó de retroceder.

"Mire", le dijo, "no me espantan sus amenazas. Hágalo, llame a la policía si eso es lo que quiere... Ellos saben lo que yo hago. ¿De dónde cree usted que obtuvimos la dirección? ¿Usted cree que el criminal vino y nos dijo de su pelea aquí? O tal vez fue su compañía de seguros... Eso me recuerda algo, su compañía de seguros; tal vez ellos tengan algo que decir, tal vez ellos quieren saber algo más de este asesinato y de cómo usted ha estado alquilando este salón para fiestas que se salen de control. Me debo de ir y llamarlos para pedirles comentario a ellos. ¿Está bien eso en una iglesia?".

Su engaño tuvo el efecto de aquietar al hombre, aunque era claro que estaba al explotar de ira. Onís imaginó todo ese armatoste saltando sobre él y aplastándolo. Aun así, insistió en presionarlo a ver qué soltaba.

"No me importa de qué parte atrasada de Europa viene usted", continuó. "Aquí tenemos algo a lo que nos gusta llamar libertad de prensa. ¿Ha escuchado de eso? Es un buen principio para la sociedad. Dicen que la luz del sol es el mejor desinfectante, ¿ha oído usted eso? Pienso que es mejor que nos explique qué sucedió en su iglesia lujosa, porque no puede impedirme que escriba lo que he visto ni que publiquemos las fotos que tenemos". Onís volteó y apuntó a la mancha de sangre, dispuesto a sacudir al hombre. "Hay una historia ahí, escrita en sangre".

#

Onís salió del sótano con una dirección "para unos mexicanos", según el hombre, que habían alquilado el salón para una fiesta de bautismo. No eran de esa iglesia, pero buscaban un local para su festejo. Todo lo que sabía era que algo había sucedido cerca de las diez de la noche y que uno de los hombres portaba un cuchillo. Eso era todo lo que podía decirle.

Berto no aparecía por ningún lado porque había aprovechado la demora para dar la asignación por terminada y tomar su tren de regreso al cuarto oscuro. Onís concluyó que iría él solo a buscar esa dirección, a corta distancia en un vecindario de almacenes y chimeneas industriales.

En unos quince minutos llegaba a una casa de tres niveles que no era mucho más que un rectángulo de ladrillos descoloridos en Maurice Avenue. Un desorden de carros ocupaba toda la entrada del piso de cemento y no quedaba lugar para estacionarse legalmente de ese lado de la calle. Onís manejó frente a la propiedad e hizo un giro en u para ubicar su Cressida al otro lado. Podía ver a varios hombres parados fuera de la casa, detrás de los vehículos. Su corazón se sacudía con anticipación mientras esperaba a que pasara un camión para cruzar y acercárseles. Tres de ellos escuchaban; algunos con las manos en los bolsillos miraban al suelo, mientras el que hablaba apoyaba su pie derecho sobre la pared de la casa y movía los brazos.

Onís se escurrió entre los vehículos estacionados, carros tipo sedán que habían visto mejores días. Cuando el hombre calló, los otros voltearon hacia Onís. Él notó sus bigotes escasos, los tonos marrones de sus caras—nada muy distinto de su propia tez—y supo que estaban considerando su apariencia física. Les sonrió de manera absurda.

Oyó a uno de ellos decirle a los otros: "¿Qué quiere este güey?".

Onís levantó su pase de prensa, los saludó, y les dijo que era del periódico. Siguió diciéndoles que lamentaba molestarlos, pero no pudo terminar esa oración.

"No queremos ningún pinche periódico", dijo el que estaba apoyado a la pared.

"No estoy tratando de venderte el periódico. Quiero ponerte en el periódico".

Onís vio en sus caras que se había equivocado. Sonrió de la misma manera que algunos tosen cuando se sienten nerviosos.

"Vete al diablo", le dijo el hombre.

Dio unos pasos hasta donde estaba Onís, que trató de suavizar la cuestión diciendo lo primero que se le ocurrió.

"No es mi intención ofender, mi amigo, y lamento mucho molestarles. Vine por lo de anoche, el lamentable incidente. Yo, yo voy a escribir de lo que sucedió, ¿saben? Vengo ahora mismo de la iglesia, ¿me entienden? Estuve donde todo sucedió, y vi la sangre y todo, y lo siento mucho, lamento su pérdida".

El hombre se había acercado hasta el punto de encontrarse cara a cara con Onís, los dos atrapados en el pequeño espacio entre tres carros. La mente de Onís se fue por una vía paralela y se preguntaba cómo diablos metieron todos esos vehículos ahí, porque apuntaban en distintas direcciones, como piezas de dominó esparcidas sobre una mesa. Estaba preparándose para agacharse y correr si el tipo trataba de darle un puñetazo. Siguió hablando, aun en medio de esos pensamientos.

"Debe ser un momento muy difícil para ustedes... Me imagino por lo que están pasando... Quiero decir que entiendo, que ustedes solamente tenían una fiesta para la niña y...".

El hombre lo interrumpió. "Di lo que vas a decir, puto".

Onís echó una ojeada a las caras de los otros. Ninguno mostraba una pizca de simpatía. Miró sus manos, sosteniendo el lapicero y el cuaderno. Le corría calor por los brazos. Dio un paso atrás.

"Les quiero ayudar", dijo Onís. "Pienso que se tiene que hacer justicia y quiero ayudarles".

Onís se sintió tranquilo al darse cuenta de que era más alto que este hombre, más que cualquiera de ellos, pero miraba a los otros como quien busca seguridad en los ojos del dueño de un perro rabioso. El hombre estaba tan cerca de él que podía oler la acritud de su sudor y ver cómo brillaba el borde de su colmillo con un toque dorado. Le caían gotas de saliva en la cara.

"¡Para! ¡Para ya de hablar tanta mierda! ¡¿Me oyes, pinche estúpido?! Esa fue la sangre de mi hermano que viste derramada en el piso, y te voy a decir algo: No necesito ninguna pinche ayuda de ti ni de nadie más para hacer justicia. Yo me basto y me sobro como hombre".

Onís escribía a garabatos y tan rápido como su muñeca y dedos podían moverse. Evitaba la mirada del hombre de la manera en que se evita la de una bestia.

"¿Ves estas manos?", el hombre dijo.

Subió sus dedos encorvados frente al rostro de Onís.

Onís notó las líneas del color de la carne oscura. "Voy a buscar al animal que le hizo esto a mi hermano y lo voy a matar con estas manos y me voy a asegurar de que se ahogue en su propio vómito. Después voy a sacar el pito y me voy a mear en su pendeja cara".

#

El titular al día siguiente apareció en grandes letras cuadradas, impreso en tinta roja. *Bautismo de sangre*, decía. Y el subtítulo, escrito por un corrector de prueba al que no le molestaban los estereotipos, catalogaba el incidente: "Hombre mexicano, cegado por los celos, apuñala a compatriota durante celebración del sacramento. Más información en la página 3". Una foto grande de la escena sangrienta se desplegaba a través de dos páginas, y al lado de esta, en un pequeño marco, aparecía la cara borrosa de la víctima, reproducida de una foto que le dieron a Onís: un hombre con un ligero bigote y una mueca reacia por sonrisa, identificado como un ayudante de mozo en un restaurante italiano de Brooklyn. La historia tenía todos los nombres que no habían aparecido en el reporte policial. Tenía la descripción de la escena para acompañar las fotos: el charco de sangre bajo el efecto de luz parpadeante que creaba el abanico de techo; el confeti blanco y rosado por todas partes; las botellas de cerveza, los souvenirs quebrados. Ofrecía la narrativa de un hombre que airado irrumpía en la fiesta del bautismo de su hija. Arrebatado por la pasión, saltaba sobre el novio de su exesposa blandiendo un cuchillo de multiusos con filo serrado, que clavó en su espalda más veces de las que la gente en la fiesta quiso contar. La crónica contaba el horror de los invitados; de mujeres en etéreos vestidos en chifón, que se pisoteaban unas a otras tratando de llegar a la salida; de la niña bautizada que gemía y temblaba en su bata angelical; de los gritos homicidas del sujeto al lacerar aquel cuerpo que se crispaba: *¡Muérete maldito! ¡Muérete!*

Onís citó al hermano de la víctima, escribió de cómo sus ojos se llenaron de lágrimas al afirmar: "Voy a buscar al animal que le hizo esto a mi hermano y lo voy a matar con estas manos y me voy a asegurar de que se ahogue en su propio vómito".

Era su primera crónica negra, una perversa historia que lo enorgullecía.

NATURE UNDER CONSTRAINT AND VEXED

John Madera

SEE HIM: there, inert, unhappy, trapped, perhaps, in the present moment, that always elusive thing, a fragment quantifiable, and then just barely, when set against what happened before and what happens after, between disappointment and anticipation, in other words, always in relation, never on its own, unlike him, on his own, alone, this frozen state glazed, resinous, as if painted then shellacked over, Baroquial, a glinting hint—a residue—of thoughts now mapped on his face, the strata of worries, the crisscrossing fault lines, all the upendings, like the pending eviction, which his girlfriend, who always liked the ellipses he'd lip down her vertebrae, had assured him would not be enforced, since it was near impossible, at least according to her, for a landlord to evict a tenant, "Immediate Job Openings" posted on the bulletin board behind him, a common but oddly- phrased announcement, with its unnecessary adjectival, which served less to intensify than annoy, a career fair flyer on the bulletin board's left-hand corner, a pin pricking its middle, the canary yellow sheet curling up on both sides, as if about to take flight, the room's electricals, the fluorescent-lit surround, the dozing desktops' spattered pattern screensavers making him feel cold, paralleling the job developer's refrigerated smile, she sitting to his right working with another client, he thinking of the still nearby man, whose legs, from his aerodynamic sneakers to his jeaned knee, you may observe in the foreground, the rest of his body seemingly amputated from view, the man who just moments before said, "Everybody's on extra-anger mode today," which had made our present subject think that each of us, androids all, have different settings that can be manipulated accordingly, how we're "wired" differently from each other, each of us having buttons that can be "pushed," drives that can be driven, etc., that man responding to another man, who abbreviated his curses, e.g., "What the fuh?" and "That's some bullsh," who had "went off" because everything was dragging on, "everything" meaning the scoring of everyone's literacy competency examination and the "intake" with each test-taking person that followed, that man saying, "This shit is worse than court," saying he had to see his "p. o.," probation or parole officer, the remembrance of which compelled him, the man we've woven into so much wooly warp and woof, to text the woman he had been seeing (a woman who wasn't his type, she the Helvetica to his Garamond, a woman who could not come vaginally, but who loved when he would go down on her, "cunnilingus," the word, sounding like a pasta dish, albeit one where he had to do all the serving and eating, he practically getting lockjaw by the time her final "Yes!" cracked the air, like a gunshot, his body responsively snapping out and forward, from preparatory crouch to Olympic dive, whereupon he would plunge inside her, or, rather, and more accurately, he would be engulfed by her, a woman within whom he had—switching metaphors now—sown seeds, one of which had germinated for months, grew and grew, until their child entered the world, alive and kicking, as they say, a boy he hoped would have a better childhood than he had had, one free of a mother and father who would drink themselves to the point of unconsciousness, his mother with some regularity saying how much she hated his father, directly to his face, or, more often, under her own whisky-drenched breath, his mother being the one who had found his father dead in the bathroom, drowned in the tub, his mother suiciding soon after, he subsequently shuffled from foster home to foster home, for years, finally escaping the system when he imagined himself able to take care of himself, subsequently working and working, working his way through school, where he studied computer engineering, a field within which he later found some success, a field now glutted with so-called millennials willing to work more for less pay, more or less, which was one of the reasons why he had been laid off, his being overqualified one of the reasons why he was still unemployed long after the unemployment benefits had run out, and was now forced to seek public assistance, thus forced into a job development program, where he was required to take workshops in résumé writing and other useless things, he often thinking of how he would one day encourage his son to avoid specialization, the kind that would make him less marketable, less versatile, this boy in the here and now, as they say, likely feasting on milk from one or the other of his girlfriend's breasts, the breasts she would regularly pump, she having to recently repeatedly explain to airport security attendants that the unrecognizable-to-them machine she was carrying was a breast pump, said attendants' response, their undisguised revulsion, angering her, which compelled him, her boyfriend, after she had recounted what happened, to jokingly suggest she, should the occasion once again arise, replace the phrase with a euphemism, like "lacteal extractor," "expressed-milk machine," or "liquid gold collector"), the abovementioned text detailing the scene, compelling her to text him that she, in his place, would have stormed out and gotten a job as a bartender or something, a job he had and would never consider doing, and she ought to have known better to even mention it, he acknowledging that she was talking about what she would do in his position, not suggesting what he should do, his eyes landing on one of the many so-called motivational quotes postered around the room, each one as annoying as the social-media memes sprinkled with hearts and balloons and smiley-faces, the digital era's cross-stitched homilies, this particular received bit of wisdom asserting he wasn't a product of his circumstances but a product of his decisions, which he immediately scoffed at and eye-rollingly dismissed, because he wasn't neither product, not a product at all, the term "product" presupposing a factory of some kind, where a definable process results in measurable outcomes, but life wasn't like that at all, life being a series of surprises, good and bad, but arguably increasingly bad over time in terms of frequency, intensity, and duration, like, for instance, the surprise he'll experience soon after this moment of entrapment, which would make him consider, if he were aware of it, how, encoupled, it always became his job to deal with vermin, to set up traps, to check on them, and to dispose of the poor creatures, whether dead or alive, glue traps his weapon of choice, the greater the adhesive expanse, it seemed to him, increasing the chances of a mouse getting stuck, after which he would bludgeon its skull, ending its misery, the abovementioned surprise being pain, an assault, that is, on his body unlike anything he had ever experienced, a stabbing pain on the lower right side of his torso, the feeling, he would imagine, something like a shard of glass scoring his insides, forcing him to the floor, the "episode," which is how he would refer to them, after he had experienced a few of them, lasting about ten minutes, how he would, after the first two episodes, be carried out by paramedics, and lifted onto an ambulance, which would speed off to the local emergency room, where he could have heard three different alarms continually and loudly going off, each with a different rhythm, one a quick sixteenth-note triplet, another a single honk with longer spaces in between each honk, the last a continuous carillon, the real white noise, as it were, produced by an infirmed, and arguably deranged woman, who spewed racist comments, calling nurses and doctors of whatever ethnicity "motherfuckers," who continually demanded her blood to be taken, all of this happening while the nurses checked his, our subject's, vitals, hooked his right arm to an IV, explained he would be taken to be x-rayed, told he couldn't eat the bagged lunch an attendant offered him, which, if he did eat it, would have made him glad he had found himself, earlier that day, on a hill in Sunset Park, basking underneath a warm sun, after having enjoyed a plate of gently olive-oiled rice and beans, while watching passersby, like Chinese mothers strollering their babies, shtreimel-crowned Jewish men outrushing each other, and Puerto Rican and Dominican and Mexican schoolchildren, each one, like him, happily crazed by the almost-spring day, the nurse's eyes baggy from exhaustion, which would have made him think of having once met a singer who sang about people having the power, he telling the singer he'd seen her "open" for another singer, a froggy-voiced troubadour, years ago, she asking if they'd performed a song together, he saying they'd dueted on a song about dark eyes, he also mentioning the full-mouthed kiss she'd given him, the troubadour, to which she answered, "He kissed me!" which he would have taken as confirmation of one of his favorite hobgoblins, that is, that all ideations take place from particular cognitive perspectives and since there are many possible conceptual schemes or perspectives about any particular thing or grouping of things or events, or whatever, you can't ever properly or definitively determine truth or value about such things or events, he recognizing that this received belief of his did not necessarily mean that all perspectives were equally valid, but what could not be disputed, no matter what your perspective, was the pain he would feel, a pain which medication that could have coursed from the tubes directly into his bloodstream would have blunted, which would have given him an opportunity to observe the goings-on around him, see that the arguably deranged woman was asleep, her worn and harried face finally softened in her drug-induced repose, and then, without warning, he would have felt afraid, this fear having partly to do with his not having medical insurance but mainly to do with what was happening in his body, which he had thought could only have been one of two things, either kidney stones or appendicitis, and he hadn't been sure which was worse, since he could hardly stand the idea of choosing between the so-called lesser of two evils, a concept he always felt was dubious at best, if not morally reprehensible, he not forgetting the blame cast on him for having voted with his conscience, for his so-called personal responsibility for an election that was actually stolen by the buffoon of a President, the Commander-in-Thief, as he had come to think of him, these thoughts interrupted by an attendant, who would have said he was ready to take him to be x-rayed, the man calling for one of the nurses to detach him from the IV, thereby increasing his mobility and velocity, and, after the nurse having done so, asking if he was good to walk, he feeling a bit wobbly on his feet, suspecting it may have had something to do with him being hungry, and the three tubes of blood having been siphoned out of him by the same nurse, he saying nothing about it, though, the attendant directing him, through the maze of corridors, a blur of antiseptic gray, zombified patients staggering toward him, past a cluster of patrician physicians, past various rooms with worried souls waiting, and then outside the building proper toward an elevated trailer, the attendant explaining that the hurricane from a few years back had destroyed much of their equipment, and that they had these temporary units for things like the x-ray machine, a giant donut-shaped contraption, the ultrasound revealing that stones weren't wreaking havoc on our subject's kidneys but that his appendix was inflamed though not ruptured, the doctor later determining it would have to be removed, and he would have thought that he had never been cut open before, furthermore and rather irrationally thinking he did not want this arguably useless thing taken out of him, that the removal would somehow make him less human, the blood tests confirming that he was otherwise healthy, that his body could fight this thing on its own, that a proper diet and exercise would decrease the swelling of his appendix, the doctor seemingly agreeing with him, but ultimately dismissing him, saying that while a tiny percentage of people recover on their own, most continue to suffer until their appendix ruptures, risking death, the man considering what he was facing, the likelihood of a rupturing, the imminency of further pain followed by death, his stomach growling, he imagining himself devouring a grass-fed cow whole, and he would have done the right thing, as the saying goes, he subsequently prepped for surgery, the surgeon explaining that the laparoscopic appendectomy would last only forty minutes, being put under one of the oddest experiences he would ever have had, he thinking it as a kind of cessation, of existential theft, of time, of being, he gradually succumbing to the anesthesia, his mind fighting to think, and he would have woken up confused, though, wondering when the process would begin when it was already over, even with the evidence, the three tiny incisions, into which small video cameras had been inserted to augment the surgeon's vision, the procedure billed as "less invasive," since it resulted in comparatively minimal scarring and a shortened recovery period, he nevertheless feeling, arguably irrationally, invaded, surveilled, attacked, the three gauzy bandages on his abdomen temporarily concealing the scarring, that is, the evidence of the so-called minor invasion, his thoughts, instead—as he lay horizontal in the screaming ambulance, unaware that his appendix had already ruptured, infection spreading throughout his abdomen and into his blood, the doctors later at the hospital unable to reverse course—that he wasn't a snowflake, a thing in itself, but a snowball, an amassing of things in themselves, one that's got a chance in Hell because Hell isn't about heat but cold, cold fucking cold.

Note: The title is from Part III of Francis Bacon's "Plan of the Work."

NADA PERSONAL

Pablo Brescia

—PAPELES, POR FAVOR —pidió el guardia.

La mujer fingió no haber escuchado, y preguntó:

—¿Qué?

Recostado junto a la puerta, él no prestaba atención.

—Necesito ver sus papeles.

Ella, con la mirada baja, alzó un grado su voz.

—No entiendo, dijo, luego de pensar un poco.

—No hay nada que entender. Papeles, por favor, repitió el hombre.

La mujer dejó de mirar al piso.

—Usted no tiene derecho a pedirme nada. Nadie tiene derecho a pedirme nada.

El guardia se encogió de hombros.

—Puede que sea así. No es nada personal. Mi función es pedir y revisar los papeles.

La mujer creyó ver una esperanza que asomaba por la puerta entreabierta.

—Entonces, ¿no soy la única a quien se le pide papeles?

—No. Todo el que pase por aquí debe mostrarlos.

La mujer comenzó a tramar algo.

—¿O sea que cualquiera que pase por aquí los necesita?

—Así es.

—Entonces, ¿dónde están sus papeles?, atacó ella, acentuando el "sus"' y acercándose hacia el hombre, como si lo amenazara.

—¡Aléjese de la puerta!, gritó él, irguiéndose.

Ella se paralizó y volvió a su posición inicial.

—No contestó mi pregunta, le advirtió a su contrincante.

Mirándola sin mirar, el custodio le dijo:

—Siempre he estado aquí.

La mujer pasó del ánimo triunfal a la decepción al escuchar esa frase.

—¿Qué quiere decir?

—Siempre he estado aquí.

La visitante no iba a dejar la lucha tan fácilmente.

—¿Cómo que siempre ha estado aquí? Ningún ser humano ha estado siempre en un solo lugar.

—Yo sí, dijo el centinela. Y se encogió de hombros otra vez.

—Mire —continuó la mujer—, aun si usted hubiera nacido aquí y se hubiera criado frente a esta puerta, en algún momento usted no estuvo aquí. Es decir, usted llegó aquí de otro lado. Y si todos los que pasan por este sitio necesitan papeles, usted o sus padres o alguien de su familia o alguien encargado de su destino tuvo que mostrárselos a alguien. Y yo quiero verlos.

La cara del hombre se ensombreció. Afirmó más sus pies, abrió sus piernas y empuñó su fusil verticalmente, colocándolo en el mismo centro de la abertura que había creado.

—Yo no entrego papeles. Recibo papeles. Y doy el paso o no. Eso es todo.

La rabia volvió a la viajera.

—¿No estamos en un territorio libre acaso? ¿No podemos circular por él de la manera que se nos plazca? Yo no he hecho ningún mal, no he cometido ningún delito, no hay ninguna acusación en mi contra. Nadie me ha pedido ninguna identificación en mi camino hacia aquí, ¿por qué debería yo identificarme ante usted? ¿Con qué autoridad me pide los dichosos papeles?

—Yo no le he pedido su identificación. Le he pedido sus papeles, aclaró él.

La mujer entendió que su estrategia no estaba dando resultado. El oficial parecía imperturbable, inconmovible. Decidió entonces probar otra cosa.

—He viajado durante dieciocho meses. Me he quedado sin comida, sin agua, casi sin ropa. Una mañana clara aparecieron dos hombres. Ya casi no recuerdo sus caras. Me mostraron unos documentos, me ordenaron que los firmara, me dijeron que debía acompañarlos. Protesté, les pregunté qué iba a pasar con mis hijos, con mi trabajo, con mi jardín. "Todo ha sido debidamente arreglado", anunciaron. No volví a ver a mis hijos, nunca regresé a mi casa. Siempre creí en el destino, pero nunca supe cuál era el mío. Creo que por eso estoy aquí. Yo les preguntaba y ellos no decían nada. Me dejaron varada en el medio del camino. Desde el principio, supe que era un lugar extraño, como si fuera el paisaje de un sueño. Un páramo hecho de un cielo rojo, nubes grises...

—Papeles, por favor, interrumpió el guardia.

La mujer esperaba ese intervalo. Lo aprovechó para tomar un poco de aire.

—Al principio pensé que había sido capturada y transportada a otro planeta. Cuando vi a los que vagaban como yo, caí en la cuenta de que no era así. En vano intenté hacerles una pregunta o pedirles ayuda. Deambulaban como zombies, como si su brújula interior tuviera un desperfecto que solo un mecánico de objetos raros podría reparar. Así, exactamente así, me sentía yo. ¿Usted comprende la felicidad que significa saber dónde pararse, qué decir? ¿Alcanza a darse cuenta de la dimensión de su fortuna, de poder estar allí, custodiando la puerta, sabiendo qué hacer? Esta es la primera vez en casi dos años que hablo con otro ser humano. Esta es la primera puerta a la que llego. Detrás de ella hay algo que me está esperando. Por eso necesito entrar.

—Usted está cometiendo un error elemental, dijo el custodio.

La narradora contuvo el aliento y trató de no hacer visible su satisfacción.

—¿Error? ¿Qué error puede haber en la historia que le he relatado?

—No podemos dar más información que la absolutamente imprescindible, explicó él, en un tono que denotaba arrepentimiento.

—Usted quiere mis papeles; yo no tengo ningún papel. Esta es la situación en la que estamos. Pero le pido su ayuda: tal vez si usted me aclara el error del que habla podamos llegar al fondo de todo esto.

—Mi función es pedir papeles y autorizar el paso. No es nada personal.

La mujer disimuló lo mejor su frustración. Había logrado un avance y ahora todo se echaba a perder. Esta última táctica estaba a punto de desbarrancar.

—Está bien. Entiendo. Usted se niega a explicar el error que cometí. Tal vez no haya error alguno y lo que quiere es que me vaya y no le siga contando mi historia.

Los ojos del guardia se rieron.

—Es un error elemental, tan elemental... dijo, meneando la cabeza.

La mujer dejó que él siguiera repitiendo esa frase mientras buscaba otra manera de lograr su cometido.

—Hace unas horas, después de vagar por caminos que no llevan a ninguna parte, los dos hombres volvieron. Aparecieron lejos de donde yo estaba; las ráfagas de viento no me permitían divisarlos bien. Traté de acercarme, pero no tenía fuerzas. Súbitamente, todo se detuvo y se aclaró. Estaban quietos y a su lado había dos siluetas. Corrí hacia ellas, pero tropecé a los pocos metros. Los hombres tomaron a las siluetas de las manos y comenzaron a alejarse de mí. Grité, grité mucho. Pero no hubo caso. Entonces emprendí la dirección que ellos habían tomado. ¿Es ese mi error? ¿Haberlos seguido? ¿Abrigar la última esperanza que me queda? Contésteme. ¡Contésteme, le digo!

El custodio miraba sin ver.

—Necesito entrar, dijo ella.

—No puede entrar, enfatizó él.

—¿Por qué? ¿Por qué?

El guardia ya no dijo nada porque no había nada para decir.

Ella, casi sin sentirlo, se dio cuenta.

—El error lo ha cometido usted, anunció con una mezcla de lástima y desprecio.

Luego le dio un suave empujón al centinela, apartándolo del comienzo de su felicidad.

—Espero que comprenda, —agregó la mujer — no es nada personal.

Antes de trasponer el umbral, respiró hondamente, como aguardando algo más. Entró y cerró la puerta para siempre.

Nunca supo por qué empezó a correr o cuánto tiempo lo hizo. Finalmente, algo cansada, se detuvo.

A diez pasos de ella, mirando sin mirar, el guardia custodia la puerta.

—Papeles, por favor, le oye decir.

OVERWORKED

Naida Saavedra

—I'M OVERWORKED.

En español no existe esa palabra. Me costó mucho tiempo internalizar que estaba *overworked* porque el concepto no formaba parte de mi vocabulario. La cuestión es que no significa tener mucho trabajo. Eso simplemente es tener mucho trabajo. En algunos momentos, en cualquier campo profesional, hay mucho que hacer. Durante los cierres de presupuesto, al inicio de un año escolar, cuando llega la temporada del flu, la gente anda de apurada. Luego la cosa se calma, baja la tensión, disminuye el estrés solo hasta el instante en que vuelve a aumentar.

Overworked. Esto es diferente. La cantidad de trabajo no se corresponde con las horas que tiene el día. No me refiero a un periodo de tiempo sino a la lista de deberes añadida a la descripción del puesto que se ocupa. Es decir, no hay forma humana que pueda llevar a cabo todas las tareas asignadas. Entiéndase que estoy hablando de hacer un buen trabajo; cuando se hace mal no pasa nada, la gente tiene posibilidad de respirar e ir al baño. Yo, en cambio, estoy sepultada.

—Pero si solo das cuatro materias al semestre. Yo trabajo de nueve a cinco y no me quejo tanto.

Los oídos me retumban. He pensado mil veces en que debo dejar de quejarme pero vuelvo otra vez a darme cuenta de que así no debe ser esto. El cansancio crónico es una mierda. Te siguen tirando cosas encima, más comités, más servicio.

—If you have a lot on your plate, don't worry.

Dicen eso como para suavizar la orden. No puedo decir que no. Técnicamente sí puedo, pronuncio la ene junto con la o y lo digo, pero el sonido no sale por la garganta, se queda atrapado en el hueco donde se anida la desesperación. Luego viene el estrés, la angustia al saber que no podré hacer todo a menos que no duerma y me convierta en zombi. Y así se pasan los días. Tipo zombi.

En este espectro surreal, a la cantidad de responsabilidades que hay que cumplir se une la burocracia y la ineptitud de las personas ubicadas en puestos administrativos. Para solucionar un problema sobre el viaje a una conferencia hay que pasar unas tres horas mandando emails innecesarios a Academic Affairs con copia a la asistente y al becario de la asistente, y al Office Manager, también a la de procuraduría y quizás al jefe de nómina.

Dear colleagues,

I hope this finds you well.

I'm an Assistant Professor in the Department of...

Ocho emails más. Probablemente doce. Esta vez por un *retention issue*, un *enrollment issue*. Todos son *issues* en este sitio. Una tarde entera se va tratando de resolver un asunto simple: una estudiante latina, bilingüe, quiere inscribirse en una clase avanzada de español y Registrar no le da permiso porque ya habla la lengua. Me busca a mí, la profesora que luce como ella, que aspira las eses al final de las palabras, que se conecta con su propia realidad y me pide que la ayude. ¿No debería tener la potestad de inscribirse en una clase que le interesa, le cabe en el horario y para la que además tiene los prerrequisitos necesarios? Pues no, porque no hay forma en que las cosas se hagan con diligencia y con un sentido de servicio a los estudiantes, menos aún a los estudiantes de minorías. (La palabra "minoría" me desespera de sobremanera).

Exploto por unos minutos. El estallido, como siempre, ocurre en silencio. Me prohíbo a mí misma gritar en la oficina. ¿Qué tal si me oyen? La loca del pasillo. Siento la angustia en la boca del estómago. La bomba forja un incendio en mi cerebro, se me cruzan ideas de cómo eliminar de la faz de la tierra a la gente inepta y racista que colma las oficinas administrativas del predio. La desesperación se apodera de mí, sudo, me quito los lentes, me tapo los ojos con las palmas de las manos, siento un puyazo exactamente en ese lugar entre el hombro izquierdo y el cuello, justo allí donde un músculo en particular se vuelve un enmarañamiento. Me duele. Intento darme un masaje aunque sé que no servirá de nada. Continúo con el masaje unos segundos más. ¡Coño!, grito, de forma imperceptible. *Fuck*, repito tres veces. Me acuerdo de la estudiante. Respiro profundamente antes de seguir ya que el objetivo es solucionar este pequeño problema; la muchacha es responsable, inquieta intelectualmente y, principalmente, es estudiante de la universidad. De allí parte todo. Punto final.

Después de justificar y volver a justificar —casi con estadísticas del censo— que en una ciudad tan diversa como esta tenemos —y seguirán llegando— estudiantes hispanohablantes y que la carrera de español es efectivamente una licenciatura en la que no solo se enseña la lengua a nivel básico sino en la que se forman profesionales bilingües además de críticos, gente pensante, —y sí, carajo, tengo un doctorado en eso—, finalmente resolví el problema. La estudiante se pudo inscribir en la clase. El tiquititiqui se ha acabado por hoy. Mañana me tocará pelear por otra cosa seguramente. Esto es una batalla constante. Qué cansancio.

Son las cuatro, me voy ya, si no, no llego. Corre, corre. En la casa sigo, si no, no alcanzo. Y en la noche después de la cena también, si no, no amanezco. Busco otra palabra en mi mente, no encuentro nada. Quiero traducirla y no puedo. Qué va, así se dice. *Overworked.*

NO-FICCIÓN

LA NO-FICCIÓN Y LA APERTURA
DE LAS FRONTERAS IDEOLÓGICAS

Si hay un género que cada vez tiene más impacto en los lectores y su manera de percibir y analizar la sociedad ese es la no-ficción. Un término tan vasto que tiene como característica principal el constituirse a partir de experiencias humanas y testimonios más o menos identificables que le permiten a las audiencias ser parte de sus historias y comprender los hechos narrados.

De manera que esa capacidad de evocación e introspección se convierte en una herramienta que catapulta el pensamiento crítico, intelectual e incluso el razonamiento de lo sensible o lo ineludible, al abarcar discusiones políticas, eventos religiosos, acontecimientos sociales o reconstruir memorias históricas.

En esta sección, los autores incluidos no fallan a la premisa y sus ensayos, crónicas y artículos tratan de manera central temas como la supervivencia, la otredad, la complejidad de la comunicación bilingüe o la ambigüedad existente entre el rechazo y la resiliencia, cuyo escenario es la geografía estadounidense, la cual sirve para sugerir a los lectores la necesidad de reflexionar sobre aspectos o tópicos que pueden parecer poco relevantes para la sociedad, pero que constituyen un parteaguas en la experiencia migrante y por la cual han pasado numerosos millones de personas que cada año buscan establecerse en un territorio alterno al de su origen.

El reconocimiento de su identidad como extranjeros y, sobre todo, como migrantes, permite a los autores analizar las condiciones de sus iguales ante ciertas injusticias sociales o ante determinados grupos sociales con más ventajas políticas o económicas.

Por otra parte, **David Ornelas** describe con humor y cierta ironía el profundo proceso de adaptación y reconocimiento de sí mismo que el narrador de su historia experimenta al llegar a New York, una ciudad llena de migrantes que le hace preguntarse *"quién es, de dónde viene y a qué llegó [...] Preguntas que no se responden en un día"*.

Por su parte, **Melanie Márquez Adams** nos recuerda que las ciudades y los lugares que habitamos siempre tienen un influjo en nuestra configuración como personas, y procede a llevarnos de paseo por los lugares que la han reinventado durante su experiencia propia. Asimismo, en un segundo ensayo, la autora expone cómo la etnia, lengua y género pueden ser fuentes de arraigo o motivos de vulnerabilidades que, estamos seguros, al igual que la escritora, el conocimiento de estas situaciones nos ayuda a superar fronteras ideológicas y a conocer la complejidad del proceso migratorio desde adentro, para poder aceptarlos como una realidad sobre la cual volcar nuestras miradas con empatía y apertura.

UN BICICLETERO INGENUO
EN NUEVA YORK

David Ornelas

UNA DE LAS PRIMERAS COSAS que hice al llegar a vivir a Estados Unidos fue comprar una bicicleta: 120 dólares por una Motobecane de los años 80. Se la compré a Caitlin, una delicada muchacha de Brooklyn Heights. Cinco minutos después de tocar a la puerta de Caitlin, estaba sacando la cartera para pagar. Ella se sorprendió por la rapidez de mi decisión y me preguntó si el precio me parecía justo. Le dije que sí, que claro, que *no worries*. Cuando una linda neoyorquina te mira a los ojos así, más te vale actuar con determinación.

Cada pieza parecía estar en su lugar, pero al final decidí irme caminando porque las llantas estaban bajas. Arrastré la bicicleta por más de una hora buscando un taller. Pregunté varias veces a la gente en la calle porque aún no tenía un plan de datos para usar el mapa del teléfono.

Nadie supo darme señas y a pesar del entusiasmo, me terminé agotando. Para entonces la bicicleta ya era un lastre y estaba a punto de meterme al Subway, rendido y acalorado, cuando descubrí, casi por error, una Bike Shop a media cuadra.

Conocedor de su oficio, antes de que yo abriera la boca, el mecánico que me recibió ya sabía que mi nueva bicicleta necesitaba más que aire en las ruedas. Mientras hacía las revisiones generales y anotaba varias cifras de un presupuesto impagable, me contó algunos detalles sobre la marca de la bicicleta, como queriendo convencerme de que valía la pena invertir en la reparación. No es lo mismo, me dijo, Motobécane, la compañía original de Francia, que Motobecane USA. La primera diseñó la bicicleta con la que un español ganó el Tour de

Francia en el 73; la segunda, básicamente, se dedica a importar bicicletas de Taiwán a los Estados Unidos.

—You know what I'm talking about, you're French, right?

—French? I'm not French. I'm Mexican.

—Mexican, really?

—Yes Sir. I'm Mexican.

Soy mexicano. *I'm Mexican*. Ingenuamente pensaba que entre todas las incertidumbres, al menos eso estaba bien claro. Creí que se me notaría en la cara, en el acento y en las maneras de comportarme, pero ese día supe que mi estatura y mi piel blanca no encajan en la imagen estereotipada del mexicano en EU. Con el tiempo entendí que esto, penosamente, me favorece tanto como a otros lastima. Soy mexicano. *I'm Mexican*. La frase en ambos idiomas produce un sentido incierto, lleno de ecos que son preguntas: quién soy, de dónde vengo, a qué vine. Preguntas que no se responden en un día. Respuestas que son un puerto al que se llega pero del que luego hay que partir con nuevas interrogantes.

II

Siempre me ha gustado andar en bicicleta, entre muchas otras cosas, porque pedaleando se ahorra dinero. Pero pronto me di cuenta de que aquí no basta con ahorrar. Nueva York es la ciudad traga dólares. Está hambrienta. Te los arrebata de las manos y escarba tus bolsillos con sus dedos sucios para pellizcar cada billete. Nunca se llena. Aun si llegaste con algunos ahorros y te conduces en modo austero, si no tienes un *sponsor* cubriéndote la espalda, necesitas trabajar (*asap*), porque después de comerse tu último centavo de cobre, la ciudad te comerá los ojos y la lengua si no pagas las cuentas.

Yo llegué sin ahorros y sin patrocinio.

Sin saber muy bien cómo hacerlo, me salí una tarde en la bicicleta a buscar trabajo. Muy rápido me fijé que en los ventanales de los negocios uno encuentra, de cuando en cuando, las palabras HELP WANTED en letreros rojos o negros. Palabras oasis para los desempleados en Nueva York. Pero a veces las palabras forman espejismos.

Improvisé la estrategia de iniciar mi búsqueda de empleo en negocios atendidos por latinos. En un par de mis primeros intentos me dieron falsas esperanzas, quizá por cortesía, pero en casi todos me miraron con sospecha y me negaron el trabajo con pretextos fastidiosos, por decir lo menos. En algunos lugares, por ejemplo, no me aceptaron porque buscaban a alguien que supiera de comida mexicana, y, "¿apoco tú eres mexicano?". En otros lugares porque buscaban a alguien que supiera usar una lavadora y doblar ropa, pero "eso es trabajo para mujeres". Y en otros, porque les urgía alguien que lavara los platos, "pero eso no creo que usted lo quiera hacer, ¿verdad?".

Más de una vez intenté discutir lo absurdo de tales argumentos que me resultaban indignos de la vanguardista ciudad de Nueva York. Yo era un ingenuo recién llegado. Si Nueva York no estuviera habitada por estas y todas las contradicciones, no sería la capital del mundo.

III

Días después de mis primeros tropiezos, encontré un letrero prometedor en el que solicitaban un *delivery guy*. El anuncio estaba pegado en el cristal de un sitio de comida china en Jersey City, donde vivía por aquel entonces. Un restaurante muy gris y con una luz verdosa, a pesar de los motivos rojos y amarillos. Muy como de paso, como si todo fuera para llevar. Poco atractivo, pero bastante solicitado en la zona, por lo que descubrí después. Eso sí, tenía ese irresistible olor de la carne frita, las verduras salteadas con salsa de soya y los caldos perfumados.

Decidí entrar a probar suerte y me recibió la dueña. En pocos minutos, su mirada, sus palabras y la extrañísima forma de pronunciar mi nombre, me hicieron sentir protegido. Me preguntó algunas cosas básicas sobre mi experiencia y mis horarios disponibles. Luego quiso saber con qué vehículo contaba para hacer los *deliveries* y le dije que con una bicicleta, ¡faltaba más!, y casi me pongo a contarle ahí, con orgullo, cómo fue que la compré. Ella me dijo que con la bicicleta estaba perfecto y me citó para el día siguiente.

Salí sonriendo como pocas veces. A pesar de todo, la tierra de las oportunidades no era un mito. Tenía trabajo en menos de dos semanas. Al otro día llegué 15 minutos antes de la cita. La misma encantadora mujer me pidió que me sentara a esperar el primer pedido de la tarde. En menos de diez minutos sonó el teléfono y muy rápido alistaron la orden.

Acomodé el paquete en mi mochila y salí a la calle. La dueña me acompañó a la puerta, me dio algunos consejos para encontrar la dirección y me deseó suerte. Muy linda. Maternal. Le prometí que haría mi mejor esfuerzo. Sonrió y sus ojitos se hicieron más chiquitos pero brillaron y la luz de su mirada me despidió camino a ganarme mis primeros dólares en *tips*.

Me tardé un poco en encontrar la dirección, pero nada grave. Cuando llegué al edificio pregunté en la recepción por la persona a la que debía entregarle la comida y la llamaron por teléfono. Mientras esperaba, no sabía muy bien dónde acomodar la mirada y no supe cómo hacerle la plática al encargado de la recepción, un tipo no mayor de 45 con pinta de animal disecado.

Decidí mirar a la calle a través de la puerta de cristal. Estaba pensando en lo afortunado que era por haber encontrado tan rápido el empleo, cuando se me cruzó en la mirada un señor de rasgos asiáticos, agitando la mano con insistencia. Tardé unos segundos en entender que me hablaba a mí, y al entenderlo me punzó un mal presagio en el estómago.

Salí a la calle. El señor había venido desde el restaurante sólo para asegurarse de que estuviera todo en orden. También aprovechó para hacerme saber que era el esposo de la dueña. De inmediato noté que era un tipo acelerado, gruñón, poco paciente. Tan distinto a ella. Me cayó muy mal y me le puse serio. No pude entender cómo dos personas tan distintas pueden dormir en la misma cama.

Le dije que sí, que todo bien. Me miró con cierta desconfianza antes de irse. Me metí al edificio y la persona que había ordenado la comida aún no bajaba. La espera se volvió tortuosa. Imaginé al esposo de la dueña esperándome en una esquina, contando los segundos que yo tardaba en regresar. Seguro que algo no le cuadraba. Algo no miraba bien con esos ojos tensos, desconfiados.

Por fin bajó la mujer que pidió la comida. Me sonrió y luego miró para todos lados, extrañada. Después me volvió a mirar y con una sonrisa le dije que sí, que yo tenía su comida. Se sorprendió de que yo fuera el repartidor del restaurante chino.

Le expliqué que era mi primer día, que con ella estaba haciendo mi primera entrega y que nunca la olvidaría. *Oh, that's so cute*, dijo, y yo me fui a la calle satisfecho y orondo como guajolote. Como que el anonimato de ser el nuevo repartidor me daba una seguridad desconocida, tan poderosa que hasta mi torpe inglés fluía mejor. O quizá era porque cinco dólares estaban bien metidos en mi bolsa después de mi primera entrega, lenta pero exitosa.

Regresé al restaurante.

Hice tres entregas más en menos de 45 minutos. La dueña ya no salía a despedirme porque salía su esposo. Él me daba mil veces las mismas instrucciones para llegar a los lugares y yo le entendía la mitad. Si mi inglés era muy malo, el suyo era peor.

Cuando tocaba hacer la quinta entrega, el dueño me dijo que me estaba tardando demasiado repartiendo en bicicleta. Intenté explicarle que lo tardado no era llegar a los lugares, el problema era que la gente no siempre bajaba rápido o tardaban mucho en encontrar su dinero.

No hubo manera. Se metió al local y salió con una moto, digamos, mediana. Me dio unas breves y confusas instrucciones de cómo manejarla y luego me pidió que la tomara. Yo jamás había manejado una moto, de ningún tipo y de ningún tamaño. En un segundo pensé en los miles de migrantes de todo el mundo que llegan a este país y se la rifan contra toda adversidad. Pensé en decir que sí, va, me rifo en la moto, *no problem*, porque sentí que era mi deber hacer un esfuerzo como gesto solidario con toda la gente trabajadora de esta ciudad. Pero de inmediato se me cayó la cara de vergüenza de solo haberlo pensado. Ellos y ellas no necesitan este falso homenaje con tufo a privilegio. Me sentí como la gente que viaja a África y se toma fotos con niños y las sube a *Facebook* con alguna frase motivacional. Esos egoístas que utilizan la pobreza como escenario y a los pobres como actores secundarios de un putrefacto melodrama de superioridad moral.

Decidí que, en todo caso, era más honesto tomar la motocicleta pensando en los ojos azules de Caitlin y recordar la determinación con la que le compré la bicicleta. Y más que eso, decidí hacerlo porque la dueña me miraba angustiada desde el interior del local y yo sentí una profunda necesidad de no defraudarla.

Practiqué unos minutos en la banqueta y en realidad no me pareció tan complicado. Acomodé el paquete de comida en la canasta trasera y cuando quise bajar a la calle perdí el piso. Queriendo recuperar el equilibrio, moví mal el cuerpo y jalé sin control el acelerador. Me fui de lado, directo al suelo y quedé tendido en mitad de la calle. Por suerte no pasaban autos en ese momento.

Me levanté como pude y recogí el paquete de comida que estaba en el piso. El dueño levantó la motocicleta y se dedicó a revisarla, sin ponerme atención. La dueña me preguntó mil veces si estaba bien y yo le contesté dos mil veces que sí, que todo bien. No pude mirarla a los ojos. Sudaba y me temblaban hasta las orejas. Me estaba quemando por dentro, pero sentí que el fuego era fértil.

El dueño gruñó muchas cosas incomprensibles mientras yo intentaba armar el paquete de comida con las manos descontroladas. Al final no fue muy difícil: ninguno de los contenedores estaba roto y las latas de refresco parecían intactas.

Tomé mi bicicleta y me fui a hacer la entrega. Alcancé a escuchar que el dueño me gritó algo pero yo ya no quise hacerle caso. Sentí que lo que tocaba era entregar la comida. Cumplir con el deber. Listo: babita en la herida sangrante de la rodilla y a lo que sigue.

En tres o cuatro cuadras dejé de temblar y el aire me refrescó poco a poco. Ya no me dolían tanto los golpes. Sentí de nuevo esa deliciosa complicidad con la bicicleta. Como si al rodar suavemente se estuviera riendo de mí, pero al tiempo me abrazara. Como cuando pedaleas con catorce cervezas encima, de madrugada, para regresar a casa. Sabes que la bicicleta te lo reprocha pero no te abandona.

IV

Completé la entrega y me gané otros cuantos dólares de propina. En el camino al restaurante pensé en la mejor estrategia para abogar por la eficiencia de la bicicleta. Incluso pensé que si no les cuadraba, estaba dispuesto a aventarme la revancha con la moto. Cuando llegué al restaurante la dueña me avisó, más apenada que yo, que su marido ya no me quería trabajando ahí.

No contesté nada por un par de minutos. No sabía qué decir. O como que mi pobre inglés no me alcanzaba para decir todo lo que estaba sintiendo. Me acababan de correr de mi primer trabajo, no solo en los Estados Unidos, sino en toda mi vida. No sabía cómo acomodar esas emociones en mi cabeza o en mi pecho, o donde sea que se acomoden esas cosas. El cuerpo me dolió más que en el momento de la caída.

Ella notó mi desconcierto y me pidió disculpas de todas las maneras posibles. Me pagó cuatro horas de trabajo aunque había trabajado menos de dos. Me juró que no era decisión suya, que era de su esposo. Le dije que no se sintiera mal, que yo sabía que no era su culpa, que su marido era un imbécil, un canalla que no quiso ni darme la cara para echarme, y que ella era demasiado dulce para estar a su lado. Le pedí que lo dejara, que nos fuéramos en mi bicicleta. Podríamos pedalear hasta el Hudson y sentarnos por ahí a contemplar Manhattan. Olvidarnos del dinero y de las motocicletas y de la comida china y de todas las comidas y todas las propinas del mundo. Quién necesita todo eso cuando se tiene a lado una bicicleta y la sonrisa más dulce y sincera de New Jersey.

V

Quizá algunas de esas cosas no se las dije.

Pero sí le agradecí de corazón la oportunidad y dejé que me regalara un refresco bien frío que me tomé de un trago y luego me fui con más adrenalina que nunca.

Rodé unas ocho calles sin rumbo, un tanto inconsciente. Me detuve cuando noté que me estaba pasando los semáforos en rojo. Me bajé de la bicicleta y caminé algunas cuadras hasta que encontré un "mexican Bar & Grill", de pinta muy dudosa. En la bolsa del pantalón se me estaban calentando los 65 dólares que me acababa de ganar y decidí que era mejor gastarlos antes de que ardieran. Meterse solo a un bar a tomar cervezas, el último recurso de los idiotas que olvidamos cómo llorar.

Me tomé cuatro cervezas y me fui a mi casa. Cada vez con más dificultad para convencerme de que todo estaba bien, de que no había sido un día perdido, de que 60 dólares en dos horas eran muy buenos y que ya encontraría otro lugar dónde trabajar.

Llegué a mi casa y me tiré a dormir. Tuve pesadillas. Desperté dos horas después. Me sentí crudo. Cansado. Humillado. Ay, Caitlin, a ti también te fallé: no soy dueño de esa determinación que te hice creer. No sé manejar una moto. No puedo llorar. Me duelen las piernas y la cabeza. Huelo mal. Ay, Caitlin, perdóname.

Me metí a bañar. Saliendo tenía un mensaje de mi casero invitándome a dar la vuelta a Hoboken. Ese lugar en la orilla del Hudson con gran vista a Manhattan que hasta hace 20 años aún era un barrio pobre y muy caliente y ahora es uno más de los espacios tuneados por la gentrificación. Hoboken, donde nació Sinatra. *Something in your eyes, Caitlin.*

Comimos hamburguesas y caminamos mucho. El verano aún no ardía con furia y la noche estaba muy cómoda. Luego nos metimos a una cigarrería a fumar puros y a ver el básquetbol. Salimos horas después y nos fuimos a sentar a una banca a contemplar Manhattan. La ciudad se veía tan hermosa, como una bestia dormida. Le pregunté muchas cosas, bajito, como para no despertarla. Cada día, poco a poco, me ha ido dando respuestas.

LA CIUDAD COMO PERSONAJE EN LA NO-FICCIÓN

Melanie Márquez Adams

EN MI LIBRO *Querencia: crónicas de una latinoamericana en USA* (Katakana, 2020) las ciudades grandes y pequeñas se apoderan del texto y acaban convirtiéndose en personajes principales de cada recorrido. La pregunta de "¿Quién es la narradora y quiénes son el resto de los personajes en ese lugar?" permanece latente y así los personajes se convierten en el lugar y el lugar en los personajes: esa separación poco a poco se difumina. Pero ¿desde dónde concibo yo la ciudad? ¿Cómo la construyo, cómo la reinvento en mis crónicas? Pienso en cómo coexisten todas las ciudades y lugares en los que he vivido en esa noción de ciudad, en mis relaciones afectivas con cada ciudad, en los temas y conflictos a los que me enfrenta, maneras de ver el mundo, posicionamientos. Los cuestionamientos sobre mi identidad, la extranjería, las dinámicas de poder, el sentido de pertenencia. También los intentos por apropiarme de cada lugar están allí, siempre presentes.

Considero que la literatura nos otorga amplio espacio para transgredir, expandir esas nociones de ciudad. Luego de que leyeran varias de mis crónicas en una clase llamada "Cruces transnacionales", conversé con un grupo de estudiantes de una universidad del medio oeste norteamericano y entre otras cosas quisieron saber mi definición de la ciudad global. Mi respuesta fue que para las personas que contamos con el privilegio del acceso a las distintas tecnologías, casi cualquier lugar del planeta se vuelve global. Somos nosotras y nosotros los seres globales. Yo, desde distintas ciudades pequeñas, he podido crear proyectos editoriales, redes, conectarme con escritoras y escritores de varios países. Entonces siento que en todo momento la globalidad atraviesa esas ciudades, esos lugares desde los que escribo.

La idea de la ciudad no se limita simplemente a un espacio físico, sino que se convierte también en un espacio de la imaginación. Puede ser un estado mental, lenguaje, espacio de intercambio, así como un conjunto de deseos y nostalgias. Incluso recuerdos reinventados porque me ha tocado mudarme de ciudad al menos siete veces en la última década y por eso me he visto en la necesidad de reescribir y reinventar cada lugar y con ello, reescribirme y reinventarme a mí misma.

La ciudad requiere contexto. ¿Es receptiva? ¿Se fija en mí o simplemente ignora mi paso? La ciudad es el espacio que ancla, que da refugio al YO. Es lo que ve ese YO y es también lo que no ve. ¿Es una ciudad feliz? ¿Es triste? ¿Perturbadora? La ciudad no es solo un paisaje urbano o una lista de calles y edificios. La ciudad es una construcción colectiva. La ciudad somos nosotras y nosotros. ¿Quiénes somos en esa ciudad? ¿Quién soy YO en esa ciudad? La ciudad y los lugares acaban por reinventarnos y estos son algunos de los lugares en los que he vivido que me han reinventado a mí:

Guayaquil es ruido, es el treinta y uno de diciembre en el balcón de mi abuela contemplando algo así como el fin del mundo. Es un colegio al otro lado del puente donde el bullying y una religión contradictoria son materias diarias. Patacones, tortillas de verde. La ruta de edificios hacia una oficina en un banco del centro, la ruta de fábricas hacia una oficina en la vía a Daule. Humedad. Sudor. Sofoque.

Miami es calor seco, decadencia, mojitos, *too much*, una cómoda y engañosa idea de Estados Unidos. Es Ocean Drive. Es Art Deco. Es contemplar un amanecer de fuego desde la playa. Es un purgatorio del que no quieres que te salven.

Iowa es un cielo vasto que muerde, la soledad de los campos de maíz, la mejor cerveza. Es elitismo, exclusión. Un lugar donde hay mujeres que son indiferentes al dolor de otras mujeres. Rutas de silos. Donde los talleres literarios son la mejor y la peor de las experiencias. Es frío polar. Es hielo sucio. Una espeluznante sirena que anuncia un tornado. La comida de bar más buena del mundo. Es un conejo blanco que te guiña desde la nieve.

Tennessee es una cadena de montañas azules, tan azules que puedes confundirlas con las nubes. Colchas de parches de todos los colores de aquí al infinito. Es whisky, *moonshine*. Es Dolly Parton con su guitarra. Extrañeza. Otredad. Letreros que claman por el regreso de su presidente, banderas confederadas. Nuevamente Dolly. Siempre Dolly. Rutas de iglesias pequeñitas, protestantes. Es refugio y sacudida para tu identidad. Es el té helado más dulce del mundo. Es donde el río Guayas se cruza con el río Cumberland. Es donde pena por las calles de Nashville la fantasma gemela de la Dama Tapada. Es donde descubres tu voz.

Jorge Velasco Mackenzie comentó en una entrevista que no podía dejar de escribir sobre Guayaquil porque era la única ciudad en la que podía vivir. En mis crónicas, de manera explícita o no, Guayaquil siempre está presente porque es el espacio con el que estoy comparando constantemente aquellos nuevos lugares que habito, esas nuevas ciudades, esos nuevos entornos. Cada sorpresa, cada rareza, cada extrañeza, cada momento de desorientación, de otredad, de sentirme perdida, ahí está Guayaquil, como contraste, como filtro de mis universos narrativos.

Pero no solamente nos habitan las ciudades en las que hemos vivido, los lugares visitados también son parte de esa noción de ciudad y lugar. Acabo entonces esta reflexión con una crónica muy breve de mi libro *Querencia*, un recorrido por dos de esas ciudades visitadas que se rehúsan a que las abandone:

En el tiempo de los *boardwalks*

Coney Island: amor a primera vista, como de otra vida. Adoras ese universo de tienditas, bares y cafeterías que se ensartan entre el mar y un parque de diversiones.
El *boardwalk*.
Un lugar para sentarte con un helado o una cerveza. Disfrutar la brisa marina. Observar a los cientos de turistas yendo y viniendo, alborotados, igual que las gaviotas hambrientas que aletean a tu alrededor.
Donde puedes entrar a un bar en el que todos se conocen... como si el tiempo circular te transportase al recuerdo perdido de algún abuelo.
Tal vez un recuerdo de la infancia porque Coney Island tiene alma de circo, un mundo de fantasía con olor a sal.

En lugar de palomitas, cerveza.

En lugar de una orquesta, el sonido de las olas que crujen, que cantan una y otra vez y una y otra vez contra el muelle.

El acto principal: la marea de personas que viene y va y va y viene traqueteando la madera con sus acentos, sus colores, sus risas.

Ancianos con sus cañas de pescar sin ningún tipo de pretensiones: no les interesa domar criaturas marinas. Tan solo piden lo mismo que el resto: sentirse parte de la función, convertirse en uno más de los personajes de aquel mundo fantástico.

Al otro lado del país, en el Muelle de Santa Mónica, un Jesús-trovador araña la guitarra para deleite de su media luna de apóstoles. Nadie se ofende, todo en buena onda.

Al final del paseo en ese *boardwalk*, unas pancartas te cuentan sobre Olaf Olsen: un robusto marino que habitó ese muelle y que podría haber sido la inspiración para un entrañable personaje de tu infancia, Popeye.

Cuando ves las fotos del tal Olsen —sonrisa pícara, quijada prominente— no dudas que sea cierto y te alegras de estar allí, frente al mismo trozo de mar por el que navegó en busca de aventuras aquel héroe de otros tiempos.

Porque es eso mismo lo que te enamora de los *boardwalks*. Ese olor añejo a las posibilidades de aquellos días cuando el futuro tecnológico parecía muy lejano. Un ambiente fresco bajo una inmensa carpa azul donde el único mandamiento es relajarse y acoger ese buen *feeling*. Disfrutar la marejada de quioscos: islas de colores que ofrecen un sinfín de baratijas, recuerdos. Momentos capturados en el sombrero de un mago.

Y allí se quedarán guardados hasta que un día, uno de esos en que tu mundo tecnológico rebose de estrés, alcanzarás a ver por el rabillo inquieto de tu ojo un magneto brillante en la puerta de la nevera.

Entonces recordarás un día de mar, deslizándote sobre la madera antigua sin prisas, los dedos de tus pies danzando al ritmo de las olas. Un día de paseo por un lugar mágico, de los de antes. En un mundo más tranquilo, más simple. En el tiempo de los *boardwalks*.

LA CRISIS DESDE LA NO-FICCIÓN

Melanie Márquez Adams

A TRAVÉS DE MIS CRÓNICAS y ensayos personales, yo escribo sobre la crisis de la violencia contra las mujeres y cuestiono el sistema patriarcal que nos confunde y enreda en su intricada red, una red tejida de códigos, violencias y agresiones y también microagresiones: esas violencias que, al ser tan cotidianas, resultan difíciles de reconocer y nombrar y que por eso hay que escribirlas.

En mi libro *Querencia: crónicas de una latinoamericana en USA*, las violencias se presentan en los lugares menos esperados. La situación problemática parece contradecir la personalidad del ambiente y a partir de esa disrupción o sorpresa surgen reflexiones y cuestionamientos importantes. Por ejemplo, en mi ensayo "El maíz de la soledad", explore una situación de violencia que se ejerció contra mí por ser mujer, indagando sobre todo en la idea de cómo este evento se volvió aún más traumático debido a la indiferencia y la falta de apoyo de las mujeres en mi programa de escritura creativa. Así empieza este texto de no-ficción:

Cuando eres de una ciudad supuestamente peligrosa, tu modo de seguridad se activa cada vez que vuelves allí. Como si pudieras repeler el peligro manteniéndote alerta: un estado zen de defensa personal. De regreso en tu pueblo montañés de Tennessee —aunque una voz dentro de ti te recuerda que por ser mujer el peligro siempre acecha— te das permiso para bajar un poco la guardia.
Te relajas.
Te sientes a salvo otra vez.
Pero entonces el universo te regala un nuevo código postal y la oportunidad de tu vida: ser parte de un famoso programa de escritura en el estado del maíz.

Destino: Iowa City.

Tu modo de seguridad se relaja aún más. Una pequeña ciudad del medio oeste norteamericano. La ciudad de la literatura. Un paraíso lleno de escritores.

Nada malo podría ocurrir en un lugar así... ¿Cierto?

Pero apenas llegas a Iowa City te encuentras con un mundo de caseros corruptos sobre el que nadie te advirtió. Un lugar en el que esas fachadas que parecen casas adorables con porche y flores ocultan apartamentos mínimos y tristes, propiedad de corporaciones afincadas en alguna metrópolis muy lejos de los maizales.

Descubres que a esos seres corporativos no les importa ni tu vida ni tu seguridad y que descargan los servicios de mantenimiento en otras empresas que a su vez descargan esos trabajos en hombres que no pertenecen a ninguna plantilla. Así nadie tiene responsabilidad. ¿Garantías sobre aquellos hombres que tienen acceso al lugar en el que vives?

Absolutamente... ninguna.

En mi libro de crónicas exploro además temas como la desigualdad y la discriminación en Estados Unidos a partir de cuestionamientos propios alrededor de mi identidad étnica y cultural. En una reseña para la revista *Suburbano*, el escritor Daniel Campos explica como yo he arribado por la vía personal y literaria a la postura de la filósofa cubana Ofelia Schutte quien en su ensayo "Negociando identidades latinas" se pregunta si debería o no identificarse como "latina", un término que puede promover prejuicios y opresión por parte de personas e instituciones anglosajonas. Schutte acaba por acoger y afirmar esta etiqueta como parte de su identidad híbrida y así lo he hecho yo también.

Frecuentemente en el imaginario anglosajón, "inmigrante latino" quiere decir que la persona cruzó la frontera sin documentos, que tiene poca educación formal o —en el caso de las y los escritores— que únicamente se puede escribir sobre experiencias dolorosas en torno a la inmigración. En mis crónicas "Interpretando el sueño americano" y "Los dos lados del parque" me escribo a mí misma como un personaje que no encaja en este perfil cargado de estereotipos, pero al mismo tiempo reflexiono acerca de mi posición de privilegio frente a otros inmigrantes latinoamericanos de mi entorno.

Volviendo a las contradicciones entre el ambiente y la situación que se entretejen a lo largo de mis crónicas, "Un día normal en Narnia" es un texto que complica la sensación mágica de estar en una tierra encantada de nieve y hielo con la sensación muy real de ser la única latina en una sala de espera de la tienda de llantas, mientras, desde la televisión, la conductora del noticiero repite un no-tan-sutil discurso de odio hacia los inmigrantes latinos.

Igualmente, en el texto "Colores de noviembre" voy contrastando la cotidianidad, la calma del ambiente en una pequeña ciudad universitaria del estado de Tennessee con la atmósfera que se vivía a vísperas de las elecciones presidenciales del 2016 en Estados Unidos. Así es como abro esta crónica:

El cielo y los lagos amanecen con sus tonos azules más intensos. A lo mejor les apetece complicar un poco el día y han decidido contrastar con las preferencias rojas de este rincón de montañas humeantes. Entre las calabazas rollizas y espantapájaros sonrientes, asoma un sinfín de carteles con el nombre del candidato presidencial republicano. Los árboles prefieren no opinar y sus hojas apenas muestran color, confundidas por las altas temperaturas de este otoño.

Dentro del campus, los letreros en rojo, azul y blanco animan a los estudiantes a que ejerzan su derecho al voto. Las ardillas los rodean curiosas, desdeñándolos enseguida al no encontrar comida. Para ellas es un día como cualquier otro.

Me fijo en el puente peatonal cristalino que atraviesa una de las calles principales. Varios jóvenes marchan hacia el lugar de votación que les corresponde como residentes de aquella zona universitaria. Deben ir en grupos, una medida de seguridad luego de que las encuestas revelaran su inclinación por la candidata del partido demócrata.

Considero que la literatura está en los riesgos que asume el texto, lo que desordena, los lugares que complica y que interviene. En mi escritura de no-ficción yo busco esos lugares de cuestionamiento y de interrogación personal, porque mi historia más personal, mi experiencia más vulnerable, es también una historia universal.

Cuando siento que algo que quiero escribir podría molestar, incomodar, pero al mismo tiempo podría dar voz y reivindicar a mí y a otras personas, es ahí cuando sé que es necesario e importante escribir ese texto. No escribirlo sería aún más incómodo, más arriesgado.

Y no solamente hablo de incomodar a otras personas. Como autora, este tipo de no-ficción literaria muchas veces implica una experiencia sumamente incómoda porque el texto pide una autocrítica, un ejercicio de reconocerme como alguien que se ha beneficiado de esos mismos sistemas estructurales que estoy cuestionando en mis textos. Y eso es parte del proceso de escribir la crisis, porque ¿cómo puedo construir una narrativa alrededor de un testimonio crítico de mi entorno sin reconocer mi propio privilegio? El ejercicio de abrazar y sentarme con esa incomodidad, con esas contradicciones que me habitan no ha sido fácil, pero ha sido ese camino que me ha llevado a encontrar una voz narrativa mucho más interesante, más honesta, la voz con la que quiero seguir escribiendo.

Han sido esos viajes interiores, los recorridos incómodos y a veces dolorosos de mis ensayos los que me han llevado a tomar conciencia de que, como buena hija del patriarcado, no basta con anunciarme feminista. En "El maíz de la soledad" me enfrenté a ese espejo que me hizo ver a una mujer que no fue muy sorora en algunos momentos, una mujer que no acababa de entender el efecto acumulativo de las microagresiones.

Esas introspecciones que me permite la no-ficción me han revelado los discursos y códigos que viven en mí, que me acechan como demonios. Mi mente es una casa tomada que debo exorcizar constantemente y mis ensayos y crónicas personales son agua bendita.

Mientras escribí mi ensayo lírico "Te estás imaginando cosas", tomé conciencia de esa escurridiza forma de abuso emocional que se llama *gaslighting*, una violencia que antes, yo pensaba, solo podía ser ejercida por los hombres, y que, en este texto —se va revelando— viene de una mujer. El ensayo está narrado además en segunda persona, una técnica narrativa que uso con frecuencia en mi no-ficción. Por un lado, me gusta usarla porque es transgresora, subversiva. Es parte de todas esas cosas que supuestamente no se deben hacer, eso que no es serio, que no es correcto en la literatura. Pero más allá de eso, es la voz con la que necesito escribir sobre estas violencias. Es la forma más honesta en la que puedo escribir mi no-ficción desde el YO, un YO que en realidad se habla a sí misma, que se cuestiona a sí misma, recordándole como ella también es parte de esa crisis, de esos códigos, de esos mecanismos de silenciamiento.

La cronista norteamericana Joan Didion dijo que, si queremos hablar de nosotras y nosotros mismos, debemos ofrecer a las lectoras y lectores algo más. Concuerdo. Existe una diferencia importante entre el egocentrismo y la introspección. Pienso que colocar nuestro YO imperfecto en el centro de la crisis que señalamos no es narcisismo. Una autoevaluación honesta implica riesgo y complicación. Yo he decidido abrazar esa complicación. Porque ser una mujer latinoamericana en Estados Unidos es complicado y ser una mujer latinoamericana que escribe en español desde Estados Unidos lo es todavía más. Pero es lo que me interesa de la complicación, porque tanto el desorden como la transgresión, tanto mis dudas y mis miedos, abren un espacio que me permite llegar a un lugar auténtico, un lugar desde el que puedo ser incisiva y honesta, retratando momentos y situaciones cuya especificidad logra conectar con una verdad universal.

RUTAS PARALELAS

DE LA BLOGÓSFERA A LA ENSOÑACIÓN Y A UN GALOPE MUERTO

Esta última sección da cierre a la primera parte de *Contrapuntos X* que dedica la edición a la producción literaria contemporánea. Hemos nombrado esta sección "Rutas paralelas" pues son textos que hacen un desvío comenzando desde la narrativa, pasando por la reseña y llegando a la crítica literaria como broche de oro. El hilo conductor que ata a los textos es el devenir de sendas literarias que llegan a buen puerto.

El primer texto que se presenta queda a cargo de **Marcos Pico Rentería** que titula "Blogósfera hispanófila". Bajo el lente de García Canclini, explora las nuevas y establecidas zonas literarias entre los internautas. El *mainstream* literario, como lo apunta el autor, tiene ahora nuevos planos que residen y se acomodan desde las torres de datos en donde viven hasta que una subscripción así lo permita. Aparte de dar una visión panorámica de los textos literarios en la red, resalta las contribuciones de cada uno de los sitios visitados y recomendados por el autor. El mapa narrativo ya no es geográfico, sino la base son las direcciones de IP.

Como una segunda entrada nos encontramos "Shattered" por **Kayla Hartsock** que abre una ruta narrativa rompiendo con un pasado no tan remoto como le gustaría a la voz narrativa. Misma voz que trata de poner una barrera que se resquebraja por la insistente presencia de un sujeto que acosa a partir de una contante presencia virtual. En la sección de la narrativa también se incorpora a la sección un breve cuento de **Luka Djolic** que toma el tropo de la *guerra* y así lleva al lector en torno a su narrativa que titula "A Good Soldier".

El autor, músico y académico **Robert Simon** comparte un llamado de atención a la poca o no existente inclusión al canon norteamericano literario de poetas que se encuentran bajo el contexto, usando las palabras de Simon, "Luso-American transculturation." Así es como comienza la reseña al libro *Through a Grainy Landscape* de la autora Millicent Borges Accardi. El autor reseña cuidadosamente la poesía que contiene mencionado libro sin ir a los detalles, enalteciendo lo suficiente para llamar la atención a un texto en busca de lectores. Bajo la consigna de la reseña también el autor **Ángel M. Rañales** se aventura a compartir su lectura de un *chapbook* (libro de bolsillo o folletín) con el título de *Allow: A Litany* por el autor Ignacio Carvajal. Su acercamiento a los textos del poeta es de tal grado que hace presente la intención del poeta. A palabras de Rañales, la poesía de Carvajal "permite una lectura de ensoñación y curación ... dada su naturaleza poética y musical".

Cerramos el número con el trabajo severamente pulido del autor **Wifredo de Ràfols** en el que se presenta un análisis al poema nerudiano "Galope Muerto", en su ensayo que titula "En busca de lo coherente en 'Galope muerto'". El texto no sólo presenta un catálogo de aproximaciones por varios estudiosos de Neruda, sino que trae un nuevo acercamiento "no de lo irracional" sino que el texto va "en busca de lo coherente ... en el poema, de aquello relacionado con los componentes realistas y racionalistas". Así pues, el estudio busca una nueva ruta al "Galope muerto" de Neruda.

BLOGÓSFERA HISPANÓFILA

Marcos Pico Rentería

> Las pantallas de nuestro siglo también traen textos, y no podemos pensar su hegemonía como el triunfo de las imágenes por la lectura. Pero es cierto que cambió el modo de leer. Los editores se vuelven más reticentes ante los libros eruditos de gran tamaño; las ciencias sociales y los ensayos ceden sus estantes en las librerías a los *best-sellers* narrativos o de autoayuda, a discos y vídeos.
>
> Néstor García Canclini
> *Lectores, espectadores e internautas*

RECIENTEMENTE ESTUVE ENVUELTO en una conversación con algunos colegas sobre la nueva tendencia de la literatura y de cómo la disfrutamos en estos tiempos atiborrados de pantallas. Sin duda alguna, leer en papel ha sido y seguirá siendo de mi preferencia. Pero, aun así, hay cierta literatura que no llega a los lujos del papel y se publica en blogs, microblogs, mensajes de texto y otros medios que mueren casi de inmediato. Muchas veces estos medios de publicación [casi siempre páginas web] logran aparecer en papel y se le determina con un nuevo nombre, por ejemplo, el muy conocido *blook*. Bien pues, antes de que el blog termine impreso, su primera casa es un servidor en algún lugar del mundo, a veces ni llegamos a saber el punto de "publicación". La verdad que eso no tiene gran importancia, pues lo que realmente importa es la accesibilidad. En cierto sentido, los canales estándares de distribución del libro resultan arquitectónicamente arcaicos comparados a la rapidez del nuevo caminar de la narrativa, a pesar de Jeff Bezos con su capacidad virulenta de llevar todo producto pensado a nuestros hogares en un abrir y cerrar de ojos.

La creación de un colaborativo esfuerzo literario permite la creación de un mundillo que donde los textos existan hasta que llegue el fin de dicha subscripción a ese blog o página web. Hay, desde hace mucho tiempo ya, muchos blogs ya reconocidos y difundidos ampliamente por un *mainstream* literario en castellano. Aquí no se busca eso, el *establishment* ya es eso, un lugar que promueve la estancia, la permanencia. Al contrario, lo que se busca es la blogósfera donde se forjan nuevas voces y, que a veces, se funden con voces establecidas sin mayor sobresalto. Años atrás, recuerdo una editora que negaba publicar en una antología a autores establecidos y reconocidos con aquellos que apenas comenzaban su carrera literaria. El blog permite ir más allá de esa propuesta anterior al ahora antiguo *Y2K*. Exploremos entonces algunos lugares que si ningún algoritmo les ha mostrado, yo me encargo de hacerlo.

Uno de los primeros sitios que me gustaría presentar es *DIGO.PALABRA.TXT* que aparece con su logotipo con un diseño a 8-bit presentando la página como una colección de textos que se leen y se leerán en pantallas, así su membrete recalca su esencia centrada en su lema: ***literatura para generaciones pixeladas***. La página aparece trazada con el sello de la plantilla de *Wordpress*, plataforma que soporta este blog literario. En su encabezado hay siete secciones en las cuales se subdivide el sitio. Entre los más importantes se encuentran secciones como *Entrevistas, Literatura, Poesía, Narrativa, Traducciones, Artículos, Reseñas, Poesía Venezolana* e *E-books*, por mencionar algunas. Justo debajo de tal lista aparecen recuadros con fotografías y dibujos cuidadosamente seleccionados por los administradores de la página. En este caso, la que aparece como directora y curadora digital es la poeta venezolana radicada actualmente en los Estados Unidos, Oriette D'Angelo y su colaboradora Andrea Paola Hernández como parte del comité editorial.

En la página principal aparecen imágenes acompañadas con el título del texto y el nombre del autor cobijada con un pequeño rótulo amarillo. La página se lee con bastante facilidad, gracias a la versatilidad que provee la plantilla. Aparte del diseño técnico, el blog está tejido con poemas que a simple vista no parece seguir una clasificación categorial clásica, e incluso canónica. No obstante, vale reconocer que en la página no es raro encontrar algunos personajes reconocidos como es el caso de Nicanor Parra o César Vallejo. Este último, por ejemplo, se presenta con una entrada que ilustra una breve biografía proseguida de cinco poemas del autor peruano. De inmediato, "Los heraldos negros" se presenta y se invita a leer olvidando que no se lee desde el papel, ni en una versión facsimilar, sino que se recrea entre pixeles.

En cuanto a la narrativa, la página tiene muchas entradas, pero retengo entre tantas opciones la página de "Pesadilla de suburbio" escrita por María Yuste, cuento que aparece en la publicación de su libro *Vida de Provincias* (2014). Sus cuentos, publicados previamente en papel y que desde su blog personal los comparte en forma de PDF, aparecen como si se hubieran pensado para un texto digital. Es un texto que incide entre el microcuento y el cuento tradicional que es precisamente lo que el blog busca, textos bien logrados con una medida de consumo tomando en cuenta la economía del lenguaje y la atención que ponemos a los textos escritos en las pantallas que nos siguen a toda parte.

Literal, Latinamerican Voices|Voces Latinoamericanas es una revista digital que va de la mano de la poeta y ensayista Rose Mary Salum. La curaduría constante es tan rica que el mapa del sitio permite navegar en torno al cine, la literatura, temas de actualidad, e incluso se presenta una pestaña que nos lleva a un podcast. El sitio no permite ligarse a un género, sino que se atreve a dislocarse a otras ramas de la producción cultural. En sus filas de escritores se pueden encontrar textos como el del autor Alberto Chimal hasta entrevistas como la que se le realiza al mexicano Enrique Krauze. La producción de la revista circunda la ciudad de Houston, Texas, pero la colaboración a la revista utiliza la blogósfera para contar con colaboradores alrededor del mundo. Lo que llama la atención es que algunas de las entradas aparecen con una traducción. Se ve la intención de querer atender al inglés, pero con una cantidad tan vasta de textos, resultaría una tarea mancomunal. La belleza de la revista *Literal* va más allá que su diseño de página, sino que el contenido tiene una vigencia que aviva el creciente catálogo de autores. La página ofrece suficiente para todo lector. No se ofrece un espacio donde las letras son de corte facilista, todo lo contrario, el diálogo a partir de la pantalla se forja gracias a los textos de distinto placer literario. *Literal* es una fuente fundamental para el internauta curioso por descubrir textos nuevos de autores establecidos y aquellos que apenas tocan las orillas de la república de las letras digitales.

Campos de plumas, una de las publicaciones más jóvenes en este ensayo, es un proyecto que a pesar del poco tiempo desde que apareció, tiende a tener una creatividad visual distinta a aquellas presentaciones presentadas en este ensayo. Por ejemplo, pensamos en su logotipo que se ajusta muy bien a su nombre, un sembradío, o semillero de plumas. Es así que el sitio goza de nuevos gérmenes que alimentarán a los voraces lectores. La publicación tiene las puertas abiertas tanto a escritores nóveles y a escritores establecidos por igual, sin hacer mayor distinción entre ambos. La selección de textos parece seguir cierta curaduría que nace a partir de un llamado de colaboraciones que publica periódicamente y que ha logrado que la página haya llegado a su décimo número. El formato de este blog literario ha sido establecido como si fuera una publicación en papel donde todavía se divide la revista por números. Cada número trae consigo sorpresas literarias que permite a los lectores tener libre acceso a nuevas producciones literarias.

En cuanto al diseño de las páginas, obedece a una presentación clara y sobria que por medio de una plantilla *Wordpress* se presta muy bien para este tipo de páginas. Navegar las publicaciones del blog resulta sencillo y fácil de que una buena lectura nos alcance. Por mi parte, la búsqueda aleatoria me llevó a varios textos, pero en su mayoría leí poesía, aunque no es el único género que se expone. Si bien la poesía ha gozado de un lugar de exposición y lectura entre internautas, en este sitio en particular podemos encontrar trabajos del poeta Luis Armenta Malpica e incluso indagar en la poesía de Zhivka Baltadzhieva. No sólo la poesía es parte de este blog literario, sino que en sus páginas aparecen entradas como la del novelista y ensayista Jorge Volpi que nos comparte un texto centrado en la pertenencia del "yo" que además juega constantemente con la ficcionalización y apropiación de una persona y de su vida. Texto que se presta muy bien al texto digital pues está dividido en cincuenta distintos micro-capítulos en una brevísima novela de no-ficción.

De los blogs que se presentan aquí, el que llama la atención por la multiplicidad de color y diseño es el de *Vozed*. Las texturas que se utilizan son de un diseño cercano a aquellas portadas de *zines* dedicadas a la divulgación. Así aparece *Vozed* donde promueve la lectura y la escritura motorizada desde su página y con la ayuda de Twitter y Facebook. Con sus múltiples convocatorias abiertas, *Vozed.org* tiene una variedad de textos que se diseminan con constancia en la web. Con poco más de 21k de seguidores en Twitter, sus textos son constantemente promocionados recibiendo más internautas visitando sus páginas mientras crece su catálogo. Aunque la página se concentra en distintos géneros hay en particular un apartado que parece de mayor interés: *eBooks*. Incluso desde su página de Twitter, los enlaces con mayor alcance son las descargas de los *eBooks* que aparecen bajo una de las pestañas del sitio. La camaleónica página de *Vozed* tiene una constante, el cambio periódico a partir de los muchos y variados textos que recibe.

***

Lo que se comparte aquí son tan solo algunos ejemplos de las revistas digitales que siguen en permanencia gracias a los colaboradores y a todos aquellos que le dedican tiempo a esa minuciosa curaduría digital. La vida del texto digital depende no solo en aquellos que la mantienen viva en internet, sino también coincide la colaboración del lector que siguen visitando dichas páginas. Hace tiempo en un congreso digital en Twitter un escritor bastante conocido vituperó sutilmente las editoriales y puso en un pedestal "la democratización de la lectura". Tal cosa no fue entonces como lo que es ahora, una utopía que se aleja. Pero, no obstante, la distancia que ahora existe entre el lector y los textos de calidad que se publican en muchos de estos blogs se encuentra solo a partir de unos cuantos clics. Así, hoy terminamos no con un cúmulo de libros en nuestras bibliotecas personales, ni tampoco dependemos de las grandes editoriales que llegan con sus propuestas propulsadas por un marketing constante, sino que somos nosotros los que decidimos qué y cuánto leer, buscar y determinar qué nos agrada (y no) en una blogósfera saludable que revive la noble labor de permitir nuevas publicaciones, ediciones y lecturas en el mundillo hispanófilo. Así pues, no queda más que hacerse de una buena colección de *links* que en un tiempo llamaremos una biblioteca personal y personalizada.

En forma de lista podríamos mencionar algunas revistas que igual que las anteriores merecen la atención de sus clics: *Carátula*, *RevistaY*, *Aurora Boreal*, *El BeiSMan*, *El Boomeran(g)*, *Granta en español*, *Latin American Literature Today*, *Letras Libres*, *La Santa Crítica*, *Viceversa Magazine*, entre muchas otras.

Si me faltó alguna revista, me lo puedes comentar en Twitter: @MarcosIPico

SHATTERED

Kayla Hartsock

I COULD FEEL MY EYES start to burn when I saw the unexpected yet expected email from the boy I thought I had escaped from. Fifteen missed calls, forty-seven unread texts, and several deleted social media accounts later, of course he would find my email, the only thing I could not get rid of.

I was sitting at the dining room table. Alice and Michael had been paying me no mind. I scrolled down the body of the email; it looked more like a novel. *I'm doing this out of courtesy.* I looked at my friends. They still hadn't noticed me. My face grew warm and wet as I scanned over the words in front of me. *I'm sorry for all the bad things I did...* I let out a shaky breath to try to gain their attention. *I'm sorry for treating you the way I did...* I tried to get up, but my legs were too weak to lift my shaking body. *I'm sorry for all the times I lied...* I stared at Alice for a second in between reading the blurry words in front of me and trying to catch my breath, but she was too busy play-fighting with Michael to notice. *But that's all in the past and...* I finally found the strength to get up and run out of the room, leaving my laptop on purpose. Maybe if they saw it, I wouldn't have to explain why I'd left.

I fell to the floor the second I entered my room, and I crawled to the nearest wall. My glasses were foggy, so I threw them across the room - or at least, I tried to. I stared out the window and was disgusted with the shade of blue I saw. I tried to focus on the texture of the wall. It was chalky and cracked.

There was a knock. Alice walked in and her face told me she had no words to say other than, "Jane, I'm so sorry".

I croaked a response, and she folded her body beside me and reached out her hand. I started shaking harder than before. I tried to speak, but my throat was closed. I felt like I would start drowning soon.

We sat there until the bright blue sky turned black, then Alice got up to turn the light on.

She asked if I wanted to read the emails or if she should just delete them.

"Emails?" I asked. I felt light-headed.

She left the room only to come back with the laptop in her hands.

I scanned the one he sent almost immediately after the first one. *Save me the embarrassment and keep this between us...* I looked at another one. *Hey again, I know you keep asking me not to reach out...*

I grabbed the laptop from her hands. It was warm from being on for so long and burned my legs when I sat it on my lap. I couldn't remember who I'd been before he was thrown into my life.

I stared at the laptop screen for what felt like ages. I could feel the dust collecting on my hair, my hands, my eyelashes - which had started falling out from how much I'd been rubbing my eyes. All the while, this man I barely knew continued to tell me *Sorry to be so needy...* As if he were sorry for taking up as much of my time as he could. *I just want to talk for a bit.*

He suggested that a phone call would be less nerve-wracking, and besides, he *deserved* an apology. I shut my laptop so hard that I could hear the sound of the metal colliding together.

After I shut off my laptop, I told Alice I would be going to bed. She bid me a cautionary goodnight, and said if I needed anything, I knew where she was. As I got changed into my pajamas, the reflection in front of me was a girl I didn't know: weak and broken-looking. I wondered what happened to her. Her skin was pale, and her bones stuck out at weird angles. I couldn't tell if her eyes were hollow or if she just didn't have any.

My attention deviated when I heard my name called. A chill passed my ear. I ignored it; I was just tired, there was nobody talking to me, there was nobody around.

"Answer me, dammit!" The whisper came again, more fiercely. I figured the words I'd been reading were starting to personify and told myself I just needed to get some rest.

Then there was a tap on my window. Followed by another. And another. Then there came the words, "You know I'm not afraid to go in there," followed by a *tap tap tap tap tap.*

I got into my bed and made an effort to hide myself under my blanket, like how I did when I was a little girl and there was a monster in the closet. Except the monster was outside my window now. He could see me. And I could see him. My tongue was tied and my body felt like it had left me. I lay there like the bag of bones I knew I was about to become.

The window shattered.

A TRANSLITERARY FEELING

Robert Simon

THE INCLUSION OF PORTUGUESE AMERICAN poets in the North American literary cannon has been something of an enigma in past decades. These poets' work has found itself marginalized and relegated to a less appreciated status. However, works such as Millicent Borges Accardi's *Through a Grainy Landscape* seems to offer a break from such an unnecessary hierarchy, offering the reader a rich, multifaceted look at themes of past and present identities from within a context of Luso-American transculturation. This should not surprise anyone, given Accardi's accolades which include awards from the National Endowment for the Arts, The Foundation for Contemporary Arts NYC, and the Barbara Deming Foundation.

The collection, which Elena Karina Byrne has described as "[employing] the vernacular of grace and certainty, bringing to life ... narrative intimacy of belonging to one world," follows a more or less diachronic path, from the arrival of the poetic subject's family to the United States, through her own childhood and adolescent memories, and finally the struggles of her early adulthood. In this, themes are presented in a certain order, and then combined, and recombined, producing an end result that we perceive as both nuanced in expression and weighty in its unified effect on the speaker. The first to appear is the theme of migration, which in the case of Portuguese speakers almost always appears with nostalgia for home, saudade, "The ceiling of the ocean floor is fat, / with its tidal drop, a mere sandy slope, the / barrenness, now, a symbol, a lost meaning, / to catch, a rule that the Portuguese fisherwomen / ... can attest to, ..." (3). Yet here the reader senses it as buried within the troubles of newly arrived immigrants from Portugal. "There may come a day when we might / be away. Memorize your Aunties number. / Take care. Watch the rain clouds ..." (2). The theme of family, through the lens of Portuguese American identity, also established itself via linguistic and symbolic recombination such as the inclusion of Portuguese words and images associated with family and social life in Portugal. These include colors, as recognizable in Portuguese and English as essential to Portuguese social identity. "Shade of the color, the pattern / of clean fields, verde ... People eat arugula to feel / healthy. There are apples, / fresh, new, tart, and bitter. The burst / of a blast of verão / newness in your teeth ..." (14). The color green, the gold of sunlight, the missing red of an apple eaten too soon, all hint at color of the Portuguese flag, while also indicating a feeling of sickening newness and rawness of the poetic subject's experience. In more broad terms, notions of cultural memory, and the pain of that memory, encapsulated within the past, present themselves in conjunction with the individual's more recent memories and experiences. "Like someone who wanted / to hide, you believed in the past, / a statue of Fatima, in milky / blue, looking like a soap bar ..." (39). The poetic subject's perspective continually refers to that of her parents and their own suffering, both from within, and via forces outside, the Portuguese American community, as she navigates her own post-immigrant experience.

Speaking of which, as the work progresses, the theme of youthful love and love lost merges with the idea of finding one's way, "... when I feel the pull of tears / at the back of my throat / as if I am going to strangle / myself, // I am static and stable, / a woman aboard a slow / boat to China, the song / my dead / parents danced to at / their wedding ... and on break, from jobs / at the new Sears / on Acushnet Ave, ..." (52-53). Present occurrences combine with metaphor based in inherited, familial connections. The collection ends in a supposedly present time, as a totality of past moments are lived and relived in a singular, multidirectional yet unified existence. In this, we encounter the poetic subject seeking for a meaning lost in the contradictions and extremes that her life has presented. "Because the heart knows what my / job is. The hurt is the pain above / it all, the others keep moving away, to form / new shapes, now, and when I want them / to stay close, they stick to me like glue. / Longing is the middle ground ..." (85). Many poems are dedicated to Accardi's contemporaries in the Portuguese American poetry community, as well as poets from other traditions, giving a transliterary feeling to the already complex and far-reaching context in which the work takes place. Indeed, if we look outside of the Lusophone focus to which so many Portuguese American poets have been ascribed, we may find thematic and symbolic approaches, especially when taking into account the personally and culturally abject within a space of philosophical and existential wondering in the work, similar to those of Jane Hirschfield and Rupi Kaur.

To conclude, Accardi's *Through a Grainy Landscape* merges themes of time, identity, the fluidity of the self and moments of selfabjection, in a poetic and geographically American space yet confluent to the Portuguese identity which the poetic subject bears as fundamental to her notion of self. Distance, it seems, does not contradict the sentiment of place as cleanly as one would believe. In any case, and with this in mind, this author and her work have their place among the great Portuguese American poets, and in my view, the great American poets, of the early 21st century.

A GOOD SOLDIER

Luka Djolic

CORPORAL MILAN VERNILOV trudged through the mud and moist clay as he made his way to the observation post. The position was made of simple earthwork with timber holding it together and a tarp providing minimal protection from the occasional storm. Within the small construction, a pair of binoculars laid against the opening facing south along with a M18 Carbine void of even the slightest bit of grime despite the feculent nature of the post. Even months after first being posted here, Milan still took his duty with pride: the post was the closest to the Kalyan-Erenian Demarcation Line, making it the first line of defense if the dreaded reconquest of Kalya were to occur. He had tried to improve the conditions of the position by fortifying the earthwork and requisitioning his carbine in the place of the older M2 "Misfit" Revolver that once accompanied the position. However, by the third month his requisition orders were summarily denied as higher-ups judged his position to be "secure enough for minor observation duty" and Milan resigned himself to simple maintenance and vanguard duties, still with the same determination as before as he saw himself as a good soldier who followed the commands of his superiors without hesitation or uncertainty.

When Milan was eight years old, he witnessed what he regarded to be one of the most monumental days in Kalyan history. While at his grade school, classes were stopped as cheering was heard from the streets. When he and his fellow students took a glance outside, they were subjected to a spectacular display: a large crowd was marching down the street, waving a red flag bearing the yellow images of a hammer and shovel side-by-side. Many in the crowd were armed and calling for others to join them in their march. Others chanted, claiming the monarchy was at an end and the Erenian oppressors would be removed from the country and the people would be put in control. Milan watched as they approached a police barricade and swept through it like a colossal wave, keeping their momentum and continuing their drive forward to the palace. He knew little about what was meant by their words or their march, but the sight of people around him joining together in the march was all it took to bring him into it as well. He trekked with them to the palace where only a few of the King's troops remained and were quickly overwhelmed by the crowd. When the commotion was over, Milan watched as a man bearing the same yellow and red flag as before walked to the front of the crowd and stated that the People's Republic of Kalya had triumphed over the traitorous aristocrats of old. The people around Milan cheered and he joined in, still unaware of the significance of the event, and saw the old gold striped, blue flag of Kalya fall to be replaced by the one held by the man.

Back in his post, Milan watched the Erenian lines. On most days, he was only met with an open field with the occasional wild animal. Some days, there would be an Erenian patrol that would approach the Demarcation Line, often stopping mere inches from it, as if to test whether the Kalyans would stop them if they dared to cross. However, as he peered through his binoculars today, he was met with a far more perplexing sight: a young girl could be seen approaching the line. She was wearing only a tattered summer dress and had scratches across her face and arms. Blood seemed to drip from her with each step she took, along with a slight limp. Despite these injuries, she pressed on, continuing towards the line and disregarding a sign stating crossing was prohibited. When Milan realized this, he went outside to yell at her to turn around, but she either did not hear his warning or ignored it as she kept going. After his second attempt failed to work, he went inside to grab his carbine. He pondered for what reason the girl was coming to the border and whether she was even a threat, but he reminded himself that he was a good soldier and good soldiers do not question their orders.

When Milan was sixteen years old, he enlisted in the Kalyan People's Army as many of his friends had when they were old enough. There, his drill instructor, Goran Nasimir, taught him both how to fight and what to fight for.

"What is your purpose in this army, private Vernilov?" demanded Goran.

"To fight for my country." Responded Milan, wondering what the purpose of such a question was when the answer was so simple.

Goran scoffed. While he had gotten this answer from most of his recruits the frequency made such an answer no less disappointing to him.

"No. Your purpose is to serve and protect the people of this country. That means you will put the needs of the collective above your own and, most importantly, you will do as the officers above you say to do to safeguard the collective."

Goran knelt down and picked up a grain of dirt and brought it to Milan's face.

"Do you see this? This is you. You are only a part of the collective, the rest of the dirt around you. Apart, we can be pushed around by those around us."

Goran threw the dirt from his hand and Milan watched as it flew right into a brick wall.

"But together, we can protect each other from those around us."

With his hand, Goran directed Milan's gaze towards some earthwork next to them and kicked it with his boot, showing how no matter how hard he did so, the ground would not give way.

As Milan grasped his carbine, he paused to recall his last orders. He had been told by a direct order from the commander of his sector to kill anyone crossing the Erenian lines. When he had first received this order, he thought nothing of it: it was an order like any other and if anyone were to cross the line, they would most certainly be a soldier themselves and thus be a threat to the collective. However, as he looked across the field, he saw no soldier. He saw a girl who was scared and hurt, running to what she may have thought was the only place to go. Despite this, he was a good soldier and as one, he was to follow his orders. He took up aim at the girl from his post and could see an object was in her hands. He hoped it was a weapon, a bomb, something that could justify what he was about to do.

He put his finger on the trigger.

When he had a good shot on her, he took one last look at the object to confirm his hopes. Instead, what he saw was something entirely different: a stuffed bear with a red heart on the front – posing no threat to anyone. Although this crushed his hopes, he still had to carry on the tragic duty for he was a good soldier.

With his aim on the heart, he squeezed the trigger.

ALLOW: A VIVA VOZ

Ángel M. Rañales

UNA PIEZA CUYO DISEÑO y curación llaman la atención a primera vista, y que inmediatamente piden mayor inspección. *Allow – a Litany* – es un poema innovador, animado y alentador, en formato de libro de bolsillo/folletín, o *chapbook* término anglosajón, a base de estrofas variadas y creativamente adornadas. Pese a su aparente sencillez y corta extensión, *Allow* es una llama vivaz, simbólica, una metáfora densa y real de la vida, un ente hablante cuya visualidad no pasa desapercibida.

El profesor y poeta Ignacio Carvajal regala al lector esta letanía, publicada en 2021 por La Resistencia Press. Se concibe como un canto, musical y musicalizado, un poema a viva voz, celebratorio pero alusivo a la serie de despropósitos creados por el hombre. Un hombre que ha *disALLOWed* la alegre esencia de vivir, que ha artificializado la vida misma con sus prácticas descaradas, descuidadas y deshumanizantes, que se ha olvidado del otro, del altruismo sano y benéfico.

Como forma inventiva, la letanía entra a escena en la voz lírica. La narración como rezo destinado al canto y al movimiento procesional. *Allow* se mueve entre el lector y mueve al lector en maneras impensables. *Allow* es una llama que amenaza con positividad cuando habitualmente se rehúye de este elemento natural a pesar de su calor y refugio a la hora de la verdad. *Allow* es un viaje narrativo, espiritual, temporal y geográfico, una llamada al encuentro absoluto en un mundo donde lo que impera es el desencuentro, el desamor y el egoísmo. La creación de Ignacio Carvajal rema hacia una unión profetizada a causa de convocar este poder natural; en donde la procesión poética se convierte en terapeuta y curadora, en una reválida que aspira vertiginosamente a homenajear la permanencia, la existencia.

Todo este aparato que permite una lectura de ensoñación y curación se relata de forma fragmentada dada su naturaleza poética y musical, sin un principio ni un final definido, sino con una estructura abierta, personalizable y elástica. *Allow* logra anegar la imaginación del lector en un mundo único e intransferible, con precedentes de todo tipo que, aunque vivan y convivan, tal vez lo hacen ausentes y encubiertos. *Allow* permite descubrirlos por medio de un lenguaje cercano y erudito y de un estilo sincero y accesible.

En efecto, este alegato al amor, a permitir la convivencia sin categorías ni prejuicios, al rechazo de la falsedad y la maldad mal fundadas consigue suscitar el cuestionamiento a las grandes narrativas globales, esas que intentan dar sentido a la vida desde lo moderno e individualizado, desde lo no-natural y la irrespetuosidad. Ante todo, *Allow* respeta y cuida lo colectivo, lo defiende con ahínco a través de sus apetitosas páginas – páginas que se consumen en un fuego penetrante y excitante, colorido y enfurecido.

En definitiva, *Allow* promueve un mensaje divinizante: que cada uno encuentre su profeta en sí mismo o en el otro, pero que lo encuentre:

allow the prophet to draw his own conclusions
and report back to us
to demand of this carnivorous world
an allowance
not of silver
but of impetus: (1)

Cabe destacar en estas líneas el sentido profundo que cierra el viaje. Fiel a su hilada letanía, Ignacio Carvajal convoca al profeta para aferrarse a un mundo justo, humano y solidario, avivado por el fuego de la creación. Destinando los fondos a la causa del Indigenous Solidarity Fund de la Mayan League, *Allow* lucha narrativamente por la defensa de la naturaleza y por la concienciación del trato desfavorable de la comunidad y el entorno maya.

Como bibliófilo y apasionado lector, cierro con una interpretación personal significativa. La última huella de *Allow* es la siguiente: "The font in this book is *Futura*" (mi énfasis). Como colofón y bajo un juego de sutileza, la pieza llega a su fin con la mirada al futuro, a un paciente porvenir que corre de la mano de nuestros profetas.

EN BUSCA DE LO COHERENTE EN "GALOPE MUERTO"

Wilfredo de Ràfols

"GALOPE MUERTO" SE HA recibido como poema fundamental y fundacional de la compleja poética de Pablo Neruda, en el cual se presenta, según Maryalice Ryan-Kobler, una "heliografía" de su nueva poesía (137) y, según Enrico Mario Santí, "the most apposite introduction to the visionary poetics of *Residencia en la tierra*" (35). A la vez, conforme a Federico Schopf en su prólogo a *Residencia en la tierra*, el poema es "hermético" y "oscuro de sentido", y en palabras de Alain Sicard, "generalmente considerado como uno de los de más difícil comprensión" en dicho poemario (219). Sus versos resultan enigmáticos debido a las estructuras antitéticas e incompletas, tanto a nivel semántico como a nivel sintáctico. En general, las muchas aproximaciones al texto, con frecuencia calificado de hermético, se han centrado en sus imágenes contradictorias y en el concepto de desintegración que conllevan. Este tipo de acercamiento lo resume Amado Alonso en pocas palabras:

> Total: la informe desintegración y la informe germinación (v. 1) dentro de un tiempo informe (v. 2); y también lo nítido y lo formado hecho caos, destruido en su forma por la mezcla y la distancia (versos 3-8); la descomposición y desintegración" (versos 9-10). (192–200)

En su análisis, Alonso mantiene que las anomalías sintácticas y la multitud de imágenes inconexas sugieren que el mensaje del poema es la insensatez de la vida. Los estudios de Jaime Concha y John Bennett aseveran el mismo tema de desintegración propuesto por Alonso, subrayando especialmente el dualismo del poema, en el cual unas imágenes de desintegración están equilibradas por otras de integración.

En su primer estudio sobre "Galope muerto", Concha pone de relieve las resonancias metafísicas del poema y la continua vacilación entre la devastación diurna y la regeneración nocturna. Bennett, en su detallado análisis de las estructuras antitéticas, sugiere que el concepto de integración de contrarios es un leitmotivo de *Residencia en la tierra*: "El mundo poético de Neruda está tanto integrándose como desintegrándose, de que frecuentemente en la poesía de *Residencia en la tierra* una imagen o un tema encuentra su contrario o su negación en el mismo poema y de que lo que expresa es frecuentemente doble" (103). No obstante, hacia el final de su estudio, Bennett concluye que "Galope muerto" tiene una estructura que va de un caos o confusión al principio, hacia una clarificación al final, y que revela un posible camino de resolución de la angustia, una salida por vía de la creación poética misma (114). Sin descartar ninguna de estas aseveraciones, quizá las palabras que mejor sirvan de guía para el presente estudio sean las del poeta mismo:

El poeta que no sea realista va muerto. Pero el poeta que sea sólo realista va muerto también. El poeta que sea sólo irracional será entendido sólo por su persona y por su amada, y esto es bastante triste. El poeta que sea sólo un racionalista será entendido hasta por los asnos, y esto es también sumamente triste... (citado en Jaime Alazraki 288).

Dada la profusión de lo incompleto, de las estructuras antitéticas, de lo caótico y surrealista, en suma, de lo irracional en "Galope muerto", lo que el presente estudio propone es intentar de sacar a salvo todo lo contrario, leyendo en busca de lo coherente que pueda haber en el poema, de aquello relacionado con los componentes realistas y racionalistas que Neruda indica deben hallarse en un poema si éste ha de ser entendido por alguien más que "por su persona y por su amada". He aquí "Galope muerto":

1. Como cenizas, como mares poblándose,
2. en la sumergida lentitud, en lo informe,
3. o como se oyen desde el alto de los caminos
4. cruzar las campanadas en cruz,
5. teniendo ese sonido ya aparte del metal,
6. confuso, pesado, haciéndose polvo
7. en el mismo molino de las formas demasiado lejos,
8. o recordadas o no vistas,
9. y el perfume de las ciruelas que rodando a tierra
10. se pudren en el tiempo, infinitamente verdes.

11. Aquello todo tan rápido, tan viviente,
12. inmóvil sin embargo, como la polea loca en sí misma,
13. esas ruedas de los motores, en fin.
14. Existiendo como las puntadas secas en las costuras del árbol,
15. callado, por alrededor, de tal modo,
16. mezclando todos los limbos sus colas.
17. ¿Es que de dónde, por dónde, en qué orilla?
18. El rodeo constante, incierto, tan mudo,
19. como las lilas alrededor del convento,
20. o la llegada de la muerte a la lengua del buey
21. que cae a tumbos, guardabajo, y cuyos cuernos quieren sonar.

22. Por eso, en lo inmóvil, deteniéndose, percibir,
23. entonces, como aleteo inmenso, encima,
24. como abejas muertas o números,
25. ay, lo que mi corazón pálido no puede abarcar,
26. en multitudes, en lágrimas saliendo apenas,
27. y esfuerzos humanos, tormentas,
28. acciones negras descubiertas de repente
29. como hielos, desorden vasto,
30. oceánico, para mí que entro cantando,
31. como con una espada entre indefensos.

32. Ahora bien, ¿de qué está hecho ese surgir de palomas
33. que hay entre la noche y el tiempo, como una barranca húmeda?
34. Ese sonido ya tan largo
35. que cae listando de piedras los caminos,
36. más bien, cuando sólo una hora
37. crece de improviso, extendiéndose sin tregua.
38. Adentro del anillo del verano
39. una vez los grandes zapallos escuchan,
40. estirando sus plantas conmovedoras,
41. de eso, de lo que solicitándose mucho,
42. de lo lleno, oscuros de pesadas gotas.

La primera estrofa, que, debido a su estado sintácticamente incompleto, parece comenzar in medias res, consiste en tres símiles que comparan una serie de conceptos e imágenes con algo no precisado.[1] De hecho, lo único antedicho es el título del poema. Al respecto, Jacques Derrida ha aseverado que el título (o parergon) de una obra puede ser percibido como un texto situado simultáneamente dentro y fuera de la misma (24). La crítica, sin embargo, suele percibir el título como algo más bien separado, como un rótulo descriptivo que encabeza y de alguna manera capta el sentido o alude a algún aspecto clave de la obra. Así, Schopf observa que en "Galope muerto", "aquello de lo cual se habla [...] no aparece mencionado en el poema" (17). A veces, la división percibida entre obra y título es radical. Refiriéndose a "Galope muerto", Manuel Alcides Jofré propone—aunque cabe decir, sólo como una posibilidad—que "el hablante del libro es quien habla en el título y el hablante del poema sólo estaría emitiendo a partir del primer verso" (94). Sin desechar estos tipos de acercamientos separatistas y teniendo en cuenta la propuesta derridana, existe también la posibilidad de leer el título como una parte integral de la obra. Dicho acercamiento integrista da lugar a que el título cumpla la función de referente ante los símiles incompletos, los cuales se completan si leemos, "Galope muerto como cenizas, como [segunda comparación] o como [tercera comparación]". De hecho, una lectura oral sin pausa entre el título y el primer verso produce el mismo efecto. Es decir, que además de cumplir la función habitual de nombrar e identificar el poema, el título también se presta a completar los tres símiles iniciales a nivel sintáctico. Veamos si a nivel semántico ocurre lo mismo.

Juntos, los dos primeros símiles incompletos forman una doble imagen tan antitética como el título, imagen que remite al mismo tema doble que éste sugiere, aunque el orden se haya invertido en forma de quiasmo. Si aceptamos que "Galope" expresa movimiento, velocidad y vitalidad, y "muerto" todo lo contrario, resulta que el orden vida-muerte se invierte en el primer verso, donde "cenizas" remite a la muerte y "mares poblándose" a la vida.[2] Ambas imágenes se extienden más tarde, la primera en "polvo", "pudren", "muerto" y "muertas" (vs. 6, 10, 20 y 24) y la segunda en "oceánico" y "orilla" (vs. 17 y 30), mientras que "poblándose" repercute en "multitudes" (v. 26).[3] Esta dicotomía temática de vida-muerte se reitera en el poema con sobrada frecuencia, como veremos más adelante.

El segundo de los símiles se desarrolla con lo que parece ser una de las preocupaciones del hablante: el ubicar lo referido en el espacio. De hecho, las dos primeras instancias de "en", preposición que Neruda utiliza doce veces en los primeros veintiséis versos, se encuentran en el segundo verso: "en la sumergida lentitud, en lo informe". El orden se ha invertido de nuevo: la sumergida lentitud corresponde a los mares, y lo informe más probablemente a las cenizas.[4] Pronto se contrasta lo informe con "las formas" del séptimo verso, al igual que la lentitud de lo profundo se contrasta con el galope titular.

El tercer símil, más surrealista y conceptualmente amplio que los iniciales, contrasta lo profundo con lo elevado. Comienza por evocar un sonido de campanadas que se oye "desde el alto de los caminos". Los sustantivos "caminos", "campanadas", "sonido" y el metal de las campanas tienden a limitar lo que de otra manera sería algo vasto, extenso, amplio como los mares, informe como las cenizas, tanto profundo como elevado. Aceptando que "los caminos" podrían representar los caminos de la vida, desde ellos se oye el sonido de "las campanadas en cruz". Según Alonso, la campana es un símbolo de la armonía en la poesía nerudiana (241). Sin embargo, estas campanadas se cruzan, produciendo lo que podría ser una cacofonía y algo que está especificado como ese sonido. En particular, el sonido se caracteriza como "confuso, pesado"; la confusión sugiere que el sonido del cruce de campanadas es, de hecho, cacófono, mientras que "pesado" alude a la monotonía y la gravedad. Esta última alusión a la fuerza de atracción de la tierra es otro de los temas recurrentes del poema—así como del poemario en que aparece. Limitándonos de momento a su relación con "ese sonido", observamos que, como si fuera materia, el sonido se hace "polvo" en el sexto verso y "cae" más tarde sobre "los caminos" en el verso 35 (donde "ese sonido ya tan largo" bien pudiera ser el mismo que "ese sonido ya aparte" de las campanadas). De nuevo, el hablante ubica la imagen en el espacio, en este caso, "en el mismo molino de las formas demasiado lejos" (v. 7). Aquí conviene citar a Jofré, pues nos ofrece una convincente interpretación de la imagen del molino, que, según él, "muele todo lo que tiene forma, reduciéndolo a polvo... Este molino no puede estar sino en esa relación con la conjunción de ceniza y agua del primer verso, encuentro de muerte que muere y vida que nace" (95). El influjo de la gravedad terrestre sigue vigente en los últimos versos de la estrofa, donde las ciruelas también caen a la tierra. La percepción auditiva del sonido que muere o se hace polvo es paralela a la percepción olfativa del perfume de las ciruelas, que huelen y "se pudren en el tiempo". A pesar de que las frutas mueran, permanecen, de alguna manera, "infinitamente verdes", antítesis que, como los símiles anteriores, remite a la antítesis titular. Varios críticos han señalado el aspecto contradictorio de la función del tiempo, que, por una parte, pudre las ciruelas y, por otra, las deja permanecer eternamente inmaduras. Alonso, Bennett y Jofré explican esta paradoja como una combinación de desintegración y germinación dentro de un tiempo informe, en el cual, cíclicamente, el proceso de destrucción se convierte en un proceso de creación. No obstante, la imagen de ciruelas infinitamente verdes equivale a decir que el tiempo se ha detenido—las ciruelas nunca dejan de ser verdes. De hecho, la voz poética es capaz de frenar el tiempo, de captar lo que el título del poema nos indica de antemano, un galope muerto o detenido en el tiempo. Como pronto veremos, este concepto de velocidad congelada (que recuerda el título del libro de Emir Rodríguez Monegal, *Viajero inmóvil*) se reanuda en las dos estrofas que siguen, notablemente en su referencia a lo "rápido" y "lo inmóvil".

Antes de examinar la segunda estrofa, conviene señalar que la primera, a pesar de la sintaxis descoyuntada, el surrealismo de algunas imágenes y las ambigüedades que contiene, es susceptible de ser leída como una expresión poética relativamente racional. Su coherencia yace sobre todo en su relación concordante con el título, si aceptamos éste como parte e inicio del texto que encabeza. Como hemos visto, la estrofa nos ofrece tres símiles aparentemente incompletos, relacionados entre sí y enlazados por la conjunción disyuntiva de equivalencia "o", lo que trasluce la dificultad, por parte del yo, de fijar algo imprecisable. La voz poética intenta zanjar dicha dificultad haciendo comparaciones progresivamente más complejas, que, no obstante, resultan más comprensibles si las completamos con el título que las antecede. Así, la primera sería sencillamente "Galope muerto como cenizas", la segunda, "Galope muerto como mares poblándose, / en la sumergida lentitud, en lo informe" y la tercera, más compleja, "o galope muerto como se oyen desde el alto de los caminos / cruzar las campanadas [...]". Dada su extensión, podríamos simplificar este último símil optativo de esta manera: "o galope muerto como muere el sonido de las campanas y se pudren las ciruelas eternamente verdes". El símil es, por supuesto, más enmarañado de lo que la simplificación sugiere, pues embarulla lo visual con lo sonoro e incluye frases subordinadas y dos conjunciones disyuntivas más. En él se presenta un espacio amplio y vasto, profundo y elevado, que va limitándose de lo general a lo específico, en unos caminos, un sonido de campanadas y unas ciruelas. Es posible concebir este gran espacio como dotado de un centro vital y activo, en el que se encuentran un campanario y un ciruelo, de los cuales emanan sonidos y perfumes. Estas señales de vida, sin embargo, se disipan según se extienden hacia afuera, hacia las extremidades y hacia "las formas demasiado lejos" del séptimo verso. El tiempo es un aliado necesario en el constante y natural proceso de disipación, aunque es también dúctil, susceptible de ser frenado o extendido *ad infinitum*. Asimismo, la fuerza de la gravedad ejerce un poder destructivo, de pulverizar y encarroñar, ya que el sonido se hace polvo en el molino y las ciruelas caen a la tierra, donde se pudren. En suma, si admitimos una concordancia entre los símiles y el título a nivel sintáctico, la estrofa también concuerda con el título a nivel semántico, ya que en ella la conjunción antitética de vida y muerte titular se compara con otras antítesis de vida y muerte.

La segunda estrofa hace hincapié en las ideas expuestas en la primera. Es más, abre con lo que pudiera ser una aclaración de lo que significa el título: "Aquello todo tan rápido, tan viviente, / inmóvil sin embargo...". Obviamente, lo rápido remite al galope, y lo inmóvil a lo muerto o congelado en el tiempo, a la vez que "Aquello todo" no puede referirse más que a todo lo que se acaba de expresar en los símiles anteriores. Al añadir "sin embargo", la voz poética reconoce la paradoja inherente en lo rápido inmóvil (lo que equivale a reconocer la paradoja titular) y de inmediato recurre a más símiles para tratar de explicarla. Por definición, si a base de explicaciones se pudiera desatar por completo el nudo contradictorio que encierra una paradoja, esta dejaría de ser paradoja. Eso no impide que la voz poética intente dar a conocer la índole de la misma, incluso por medio de establecer analogías que contienen paradojas similares, como ha hecho en la primera estrofa y sigue haciendo en la segunda. Este empeño en dilucidar lo irracional es, en sí, perfectamente racional.

Si en la primera estrofa vislumbramos un centro vital (el campanario y el árbol) y un sentido de circularidad (la manera circular en que todo sonido se distribuye, el molino, las ciruelas "rodando a tierra"), este sentido de circularidad se asienta más firmemente en la segunda estrofa, cuya imagen principal es el círculo. Salvo la pregunta que se intercala en el verso 17, todo el discurso, igual que el de la primera estrofa, se desarrolla a base de unos símiles que comparan una serie de conceptos e imágenes con lo que esta vez sí está sintácticamente nombrado, aunque sólo como "Aquello todo", "Existiendo [aquello todo]" y "El rodeo" (vs. 11, 14 y 18). Las imágenes circulares del primer símil ("la polea loca" y "esas ruedas de los motores") reiteran los conceptos de circularidad y de movimiento inmóvil (o de galope muerto) en la medida en que las circunferencias se mueven mientras que los ejes permanecen fijos. Parece ser que esta analogía es casi perfecta, mas no del todo, puesto que el yo da la impresión de acabar la oración insatisfecho, con un "en fin". El "en fin" comunica duda y espontaneidad, como si el yo estuviera pensando en voz alta que todavía no ha logrado decir con adecuada exactitud lo que quería decir, por lo que ha de seguir intentándolo en un quinto símil.

El quinto símil presenta "las puntadas secas en las costuras del árbol", el cual, teniendo en cuenta el artículo definido, bien pudiera ser el ciruelo de la primera estrofa. La corteza muerta y seca, así como el árbol "callado, por alrededor", sugieren de nuevo que lo muerto se ubica en las afueras, en este caso, alrededor del tronco del árbol, que por dentro transporta savia por sus tubos leñosos. Dicha imagen concuerda con el concepto de vida y origen-de-movimiento (o motor) situados en el centro, y de lo muerto situado en las periferias, distribución establecida ya en la primera estrofa—esta incluía la muerte o la pulverización del sonido en las lejanías, fenómeno que, respecto al árbol, se reitera en "callado, por alrededor" (v. 15).[5] Los "limbos" y "colas" del verso siguiente parecen evocar de nuevo las extremidades, aunque la frase "mezclando todos los limbos sus colas" es especialmente equívoca. Solemos aceptar limbo como el borde o límite de alguna cosa, pero en la botánica es también la parte ancha de la hoja de un árbol, significado que habría que considerar, ya que el árbol es la imagen central de la oración. Además, se dice de las hojas de ápice agudo o caudado, como las del ciruelo, que su punta acaba a la manera de una cola. Dichos sentidos de limbo y cola, aunque se refieran a lo ancho y largo de las hojas, no aclaran por mucho el sentido de la frase, en la que todos los limbos están "mezclando" sus colas. Ante dicha polisemia e indeterminación, nos encontramos con que el hablante se hace una pregunta tripartita, "¿Es que de dónde, por dónde, en qué orilla?" (v. 17). La pregunta es vaga, pues carece de verbo y sujeto, aunque cabe señalar que es una muestra más de la preocupación del yo por ubicar lo referido en el espacio. La "orilla" recuerda los "mares" del primer verso y sugiere la demarcación entre el mar y la tierra, el borde entre dos espacios limítrofes. En el amplio contexto temático de la estrofa, esos espacios constituirían, por una parte, lo que se abarca dentro del círculo y, por otra, lo que queda más allá de sus contornos. De ser así, los tipos de verbos que mejor se acoplarían a la pregunta serían verbos de movimiento como venir o pasar, mientras que el sujeto ausente, con menos certidumbre, podría ser la vida o la muerte. De entre las varias posibles reformulaciones de la pregunta, una derivada del contexto podría ser, "¿de dónde, por dónde viene la esencia de la vida, en qué orilla está?" Como si fuera una pregunta retórica, queda, de momento, sin respuesta.

Ante la prolongada dificultad de fijar algo que no puede precisar, el hablante acude a dos símiles más, comparando "el rodeo" a las lilas de un convento o a la muerte de un buey. Estos últimos versos de la estrofa tienden a confirmar la oposición espacial que venimos observando, en la cual se asocia la muerte, lo mudo y lo quieto con la periferia de un círculo metafísico, y la vida, el sonido y el origen-de-movimiento con el centro vital, con aquello que se ubica dentro del círculo. De hecho, "el rodeo" es "tan mudo, / / o la coma las lilas alrededor del convento llegada de la muerte..." (vs. 18-19). Al igual que el ciruelo de la primera estrofa podría ser el mismo árbol de la segunda, las campanadas de la primera estrofa podrían producirse en el campanario del convento de la segunda, que estaría, por tanto, en el núcleo interior del espacio poético, con "lilas alrededor" (v. 19).[6] De todas formas, hay una fuerza que se experimenta en cualquier espacio terrenal, tanto dentro como fuera de los círculos concéntricos de la vida: la gravedad. Esta se asocia rotundamente con la muerte (el buey "cae a tumbos, guardabajo...") y con el silencio ("sus cuernos quieren sonar") (vs. 20-21).[7] La muerte equivale a la falta de sonido y se realiza aquí a través de la misma fuerza de gravedad que pulverizó el sonido de las campanas y que hizo caer las ciruelas.

La tercera estrofa es toda ella una prolongada oración de sintaxis dudoso y con aún más símiles (cuatro) que las anteriores. Es aquí donde el hablante, cuya presencia hasta ahora ha sido sólo implícita, se refiere a sí mismo explícitamente, haciendo frente al mundo de que nos viene hablando y entrando en él de un modo singular (vs. 25 y 30). Comienza por percibir en lo inmóvil algo que su "corazón pálido no puede abarcar" y que describe a base de los símiles, "como aleteo inmenso" y "como abejas muertas o números", es decir, representaciones de lo vivo y lo muerto. Entonces el yo introduce, bien sea de manera abstracta, seres humanos, con sus penas, esfuerzos y decepciones (vs. 26-29), todo ello situado en lo que viene a ser un tumulto, un caos inmenso, "un desorden vasto" donde las acciones se descubren congeladas, "como hielos" (v. 28, 29).[8] (El "desorden" recuerda la "confusión" de las campanadas, y "oceánico" los "mares poblándose" de la primera estrofa). Una vez establecido este amplio retablo humano, entra en él la voz poética cantando, acto que se presta a una interpretación metapoética en la medida en que—la lírica y la canción siendo sinónimos—el yo hace referencia a su oficio como poeta y cantante. Dicha interpretación da pie a entender la espada como una metáfora de la pluma o la voz del poeta, y a los indefensos como aquellas multitudes que no son poetas.[9] Reuniendo las ideas de esta estrofa, parece ser que el yo, a pesar del poder de palabra que posee como poeta, lucha por expresar lo que percibe ("Por eso, en lo inmóvil, deteniéndose, percibir..."), que es algo relacionado con la vida y la muerte, con las penas, los esfuerzos y las decepciones humanas, todo ello en un mundo vasto y desordenado que ni su corazón es capaz de abarcar ni su poderosa pluma poética es capaz de expresar con adecuada precisión.

La penúltima estrofa sólo consta de seis versos y un símil. Si aceptamos que el demostrativo "ese" en el enunciado interrogativo es reanudado en el "Ese" que le sigue (vs. 32 y 34), la estrofa podría ser interpretada como una sola pregunta hecha en dos partes, la segunda de ellas una mera elaboración de la primera. Ahora bien, en la primera parte, ¿a qué se refiere "ese surgir de palomas"? Según observa Alonso, las palomas son símbolos de la vida (227). Además, el surgir de palomas remite al "aleteo" de la estrofa anterior (v. 23) y funciona en contra de la fuerza de la gravedad que venimos asociando con la muerte. Si la corteza del árbol es seca (v. 14), aquí la barranca es "húmeda", lugar de donde emerge la vida (v. 33).[10] En la segunda parte de la pregunta, "Ese sonido" alude al sonido de las campanadas de la primera estrofa, pues las mismas palabras, "ese sonido ya" del verso 5 se repiten aquí en el 34, al igual que "los caminos" del verso 3 reaparecen en el 35. Igualmente, la noción de velocidad congelada en el tiempo o de una elasticidad temporal paradójica se presenta de nuevo al final de la estrofa, donde una hora (en vez de sólo una acción breve) se extiende indefinidamente. Es decir, esta estrofa interrogativa reitera el tema del tiempo dúctil y paradójico, y reúne varios conceptos que hemos asociado con lo vital en las estrofas anteriores: los caminos de la vida, el sonido de las campanas, el querer sonar del buey y el aleteo inmenso del surgir de palomas. Estas observaciones no contestan la pregunta aristotélica que se hace el yo, que quiere saber de qué está hecho todo esto, pero a la luz de ellas podríamos simplificar y replantearla: en un mundo en el que el tiempo es voluble, ¿de qué está hecho lo vital? Veamos si en la última estrofa es posible vislumbrar algún tipo de respuesta.

La última estrofa consiste en una sola oración que, quizá por ser la más breve y la única que carece de símiles, da la sensación de ser algo más contundente que las demás. Sin embargo, la oración es incompleta y comienza por dirigirse no a la última pregunta que se acaba de hacer la voz poética, sino, más probablemente, a la muy anterior que se hizo en el verso 17. La estrofa comienza con el adverbio "Adentro", que con frecuencia se combina con un verbo de movimiento, pero que aquí falta, al igual que falta un sujeto (¿qué es lo que va o viene o hay "Adentro"?). Este adverbio de lugar recuerda el interés del yo en ubicar lo referido en el espacio y, en particular, aquella primera pregunta vaga que se hizo, "¿de dónde, por dónde, en qué orilla?" (v. 17) que reformulamos como "¿de dónde, por dónde viene la esencia de la vida, en qué orilla está?" La única posible respuesta textual disponible es que esa esencia está y viene de y por "Adentro del anillo del verano..." (v. 38). Si en la imagen de la orilla (v. 17) determinamos un borde o límite entre dos espacios que constituyen, por una parte, lo que se abarca dentro del círculo vital y, por otra, lo que queda más allá de sus límites, entonces esta respuesta indica que tanto el yo poético como lo vital se ubican dentro del círculo (o "anillo"), especialmente si consideramos que el hablante acaba de entrar cantando (v. 30). Dentro de este círculo estival que representa la vida en su auge estacional, "los grandes zapallos" podrían representar una plenitud vital que, según Neruda, simbolizan "la materia cósmica que nace a la vida" (Sicard 220) y que, además, está personificada, ya que los zapallos "escuchan" (v. 39). ¿Qué escuchan? La estrofa no lo dice, mas si nos ceñimos al texto en su totalidad, los sonidos disponibles son varios, desde las campanadas y "el sonido ya tan largo" hasta el aleteo de las palomas y el cantar del poeta.[11]

Habiendo esbozado una posible respuesta a la pregunta tripartita del verso 17, queda por ver si en esta última estrofa también existe una posible respuesta a la pregunta que se acaba de hacer en el verso 32: "¿de qué está hecho ese surgir de palomas?" Recordemos que esta pregunta aristotélica se extiende a la siguiente oración, con "[de qué está hecho] Ese sonido ya tan largo..." y que toda la estrofa interrogativa en que aparece reúne conceptos que hemos asociado con lo vital en las estrofas anteriores—los caminos de la vida, el sonido de las campanas, el querer sonar del buey y el aleteo inmenso del surgir de palomas—lo que nos llevó a simplificar la pregunta a, ¿de qué está hecho lo vital? Los últimos dos versos del poema sugieren una posible respuesta: está hecho "de eso, de lo que solicitándose mucho, / de lo lleno, oscuros de pesadas gotas". Es decir, lo vital está hecho del deseo, del anhelo de vivir ("de eso, de lo que solicitándose mucho") y de la plenitud de la vida misma ("de lo lleno"), sobre todo si aceptamos también que el "de eso" que inicia la respuesta hace referencia al verso anterior, en el que los zapallos estiran "sus plantas", como si quisieran alcanzar algo u oír mejor esos sonidos, los cuales han aparecido anteriormente como representaciones de lo vital.

La frase que cierra el poema, "oscuros de pesadas gotas", se presta a varias interpretaciones. En un plano realista, si es de noche y hay o ha habido tormentas ("noche" y "tormentas" se mencionan en los versos 27 y 33), los zapallos bien pudieran estar oscuros de gotas. A la vez, en un plano emocional, la oscuridad podría estar asociada con las "acciones negras" del verso 28, mientras que la pesadez de las gotas evoca uno de los temas recurrentes del poema, la gravedad terrestre, que hemos asociado con la muerte, con el sonido "pesado" que se pulveriza en el molino y cae sobre los caminos, así como con las caídas de las ciruelas y el buey (vs. 6, 9, 21, 35). Permaneciendo en el plano emocional y teniendo en cuenta que las plantas de los zapallos son "conmovedoras" (v. 40), es posible también que las pesadas gotas sean gotas de lágrimas, ya que éstas se mencionan en el verso 26, vinculadas a las "acciones negras". Por tanto, mientras que la estrofa ofrece posibles respuestas a las únicas dos preguntas que se hace el yo poético sobre dónde se encuentra y de qué está hecho lo vital, lo hace sin olvidar la angustia y el patetismo que se asocian con la muerte y que viene marcando a lo largo del poema.

Al revisar los aspectos racionales de la obra, reparamos en que el texto está salpicado de locuciones como "sin embargo", "de tal modo", "Por eso", "entonces" y "Ahora bien", menos propias de la lírica que de la prosa o de un discurso dialéctico. Con todo, dichas locuciones le prestan al poema una apariencia de racionalidad que, debido al desorden temático y a las oraciones truncadas a modo de corriente de conciencia en que surgen, resulta difícil de desentrañar. A la vez, estas mismas locuciones podrían ser indicios de que el yo poético pugna por penetrar lo impenetrable de un modo racional y de que su discurso tal vez contenga alguna lógica interna. Resulta que es posible discernir algunos matices de esa lógica si percibimos sus componentes como fragmentos dislocados y esparcidos por el texto, para luego enlazar aquellos que sean lógicamente compatibles. Como hemos visto, pese a la gran variedad de ideas e imágenes aparentemente inconexas, ha sido posible conectar varias de ellas bajo criterios relativamente sencillos. Así, los símiles incompletos de la primera estrofa se completan (tanto sintáctica como semánticamente) al ser conectados con el título, y las dos preguntas incompletas y sin respuestas de la segunda y la penúltima estrofa se completan si tenemos en cuenta sus contextos y, lo que es más, parecen ser contestadas cuando las conectamos con las posibles respuestas que nos brinda la última estrofa. Igualmente, ha sido factible vincular otros conceptos afines pero textualmente distantes, como por ejemplo, entre muchos de ellos, "ese sonido ya distante" del verso 5 con "Ese sonido ya tan largo" del verso 34. Todo esto no significa, ni mucho menos, que sea posible llegar a una interpretación inequívoca del poema; antes bien, indica que el texto es menos caótico e irracional de lo que parece a primera vista, ya que contiene varios aspectos coherentes y principios organizativos que no se habían observado hasta ahora. Dichos aspectos y principios prestan al carácter aparentemente irracional y surrealista del poema una buena dosis de lo racional y realista, cumpliendo así con aquel precepto de la poética nerudiana de incluir ambos aspectos antitéticos en la poesía, los cuales convendrá tener en cuenta en cualquier futuro acercamiento a "Galope muerto".

Notas

[1] Para Hernán Loyola, este referente no nombrado viene a ser "el Día mismo" (65). Cabe señalar que en el poema no se menciona el día ni se refiere a él más que indirectamente como "la noche" (v. 33). René de Costa observa que, al emplear una serie de símiles, Neruda acondiciona al lector a esperar la unión de las imágenes, lo cual, según él, no tiene lugar en el poema (63-64).

[2] Ryan-Koblar sugiere que las imágenes de las cenizas y el mar invocan el mito de Faetón, que al conducir el carro del Sol, por poco incendia la tierra (140). Sin embargo, no parece haber nada más en el texto que confirme dicha sugerencia. Para Santí, "galope muerto" significa un sonido sordo—"it signifies the antithetical sense of a dead or silent sound"—aunque la imagen es principalmente visual (30).

[3] El agua es una de las presencias más constantes del poema. Como sugiere Bennett, la imagen del agua se relaciona a un concepto de totalidad (106).

[4] Ryan-Kobler propone que "informe" es un sustantivo (en el sentido de "documento") (140). Esto resultaría más convincente si un artículo masculino precediera a la palabra.

⁵ Loyola nota que el aspecto callado de la corteza del árbol significa muerte en la poética nerudiana, como lo hace en el poema "Solo la muerte" (79).

⁶ Stephen Hart aporta que para Neruda la imagen del convento significa la represión de los instintos vitales (111).

⁷ Jofré señala que estos "cuernos que quieren sonar" expresan el ansia de querer seguir viviendo (97).

⁸ No resulta difícil relacionar estas imágenes con el título: galope muerto como acciones congeladas, como aleteo inmenso y abejas muertas (vs. 23–24 y 28–29).

⁹ Hay que subrayar que el yo poético no entra con una espada, sino "como con una espada" (v. 31). Las connotaciones de la espada en *Residencia en la Tierra* varían enormemente, según cada uno de los contextos de los quince poemas en que aparece esa imagen.

¹⁰Aunque para Alonso la noción de humedad en la poesía de Neruda presupone un ambiente depresivo, hostil y siniestro, y se encuentra en los contextos de la muerte (268-70), la imagen de "una barranca húmeda" en el presente contexto parece ser algo más bien vital, indicando un lugar primordial en donde germina la vida.

¹¹ Como hemos dicho, Sicard señala que "según le confesó el propio poeta a Amado Alonso, [los zapallos] simbolizan «la materia cósmica que nace a la vida»" (220). Aunque Sicard propone que los zapallos escuchan "el rumor de su propio crecimiento" (220), esta original interpretación depende más del concepto de autogénesis que Sicard desarrolla en su trabajo que de aquellos sonidos que se mencionan en el poema ("campanadas," "aleteo" y "cantando"). Igualmente, Santí desatiende estos mismos sonidos al sugerir que los zapallos "listen to one another as if engaged in a cosmic conversation" (34).

Obras citadas

Alazraki, Jaime. "Para una poética de la poesía póstuma de Pablo Neruda." *Pablo Neruda*. Eds. Emir Rodríguez Monegal y Enrico Mario Santí. Madrid: Taurus, 1980. 283-310.

Alonso, Amado. *Poesía y estilo de Pablo Neruda*. Buenos Aires: Editorial Sudamericana, 1968.

Bennett, John. "Estructuras antitéticas en 'Galope muerto' de Pablo Neruda." *Revista Hispánica Moderna* 38 (1974–75): 103–14.

Concha, Jaime. "Interpretación de *Residencia en la Tierra* de Pablo Neruda." *Mapocho* 1-3 (1963): 5–39.

Costa, Rene de. *The Poetry of Pablo Neruda*. Cambridge: Harvard UP, 1979.

Derrida, Jacques. *The Truth in Painting.* Trans. Geoff Bennington and Ian McLeod. Chicago and London: U of Chicago P, 1987.

Ellis, Keith. "Lo épico en Pablo Neruda." *Hispanic Review* 58 (1990): 309–23.

Griffith, Leroy. "Neruda's 'Galope muerto': Impressionism, Metaphysics and *arte poética*." *Revista canadiense de estudios hispánicos* 11.3 (1987): 599–610.

Hart, Stephen. "'Galope muerto' Revisited." *Hispanic Journal* 9 (1987): 107-14.

Jofré, Manuel Alcides. "Galope muerto." *Nuevas aproximaciones a Pablo Neruda.* Ed. Ángel Flores. México: Fondo de Cultura Económica, 1987. 93–100.

Loyola, Hernán. "Residencia revisitada." *Nuevas aproximaciones a Pablo Neruda.* Ed. Ángel Flores. México: Fondo de Cultura Económica, 1987. 63–92.

Neruda, Pablo. *Antología poética, I.* Madrid: Alianza, 1998.

Rodríguez Monegal, Emir. *El viajero inmóvil. Introducción a Pablo Neruda.* Losada, Buenos Aires: 1966.

Ryan-Kobler, Maryalice. "Pablo Neruda's 'Galope muerto': Quest for Poetic Identity." *Revista Hispánica Moderna* 48 (1995): 137–46.

Santí, Enrico Mario. *Pablo Neruda. The Poetics of Prophecy.* Ithaca: Cornell UP, 1982.

Schopf, Federico. "Prólogo de Federico Schopf". *Residencia en la Tierra.* Santiago de Chile: Ed. Universitaria, 2004. 13–32. (http://www.cervantesvirtual.com/descargaPdf/residencia-en-la-tierra--0/)

Sicard, Alain. *El pensamiento poético de Pablo Neruda.* Madrid: Gredos, 1981.

AUTORES

Lucía Eugenia Orellana (Guayaquil, Ecuador) ha publicado cinco poemarios, entre ellos, *Extrañamiento* (Valparaíso Ediciones, España, 2023), y *Longevity River* (Plan B Press, Estados Unidos, 2019), recientemente reimpreso. Sus poemas, relatos y traducciones han aparecido en la *Antología de la Feria del libro de Nueva York 2019|Anthology of The Americas Poetry Festival of New York 2019*, y *Tales of Two Cities: Singapore and Hong Kong*, y otras, y en revistas literarias como *Tin House Online, Carve*, y *The Bitter Oleander*. Lucía ha participado en The Americas Poetry Festival y en la Feria Internacional del Libro en Nueva York, y en festivales literarios y lecturas en Bali y Singapur. Es doctora en Psicología Social por Loyola University Chicago y fue docente de la Universidad Católica de Guayaquil. Obtuvo un MFA en Escritura Creativa en New York University, donde fue profesora visitante en el departamento de español y portugués.

Aimée Mendoza Sánchez (Oaxaca, 1993) es licenciada en Letras Hispánicas (UAM-Iztapalapa, México) y magister a triple título en Culturas Literarias Europeas (Unibo/Italia, AUTH/Grecia y Unistra/Francia). Ha publicado textos narrativos y artículos de investigación en revistas y antologías latinoamericanas y europeas como: *Almiar, Revista de la Universidad de México, Ágora* (Colmex), *Signos Literarios, Fotocinema*, entre otras. Premio Lydia Santiago de Relato Breve (2017) por el Colegio de Letras Clásicas de la UNAM. Además de la investigación académica ha colaborado en proyectos literarios como co-editora en Literalia Publishing House y se especializa en la localización de contenidos digitales. Actualmente es una nómada entre Grecia y México que navega entre cinco idiomas.

Pedro Larrea (España, 1981) es autor de tres libros de poemas: *La orilla libre, La tribu y la llama* y *Manuscrito del hechicero*. Sus poemas han sido incluidos en numerosas publicaciones, incluida la prestigiosa *Revista de Occidente*. Asimismo, su labor incluye el ensayo y la traducción de autores como Kevin Young, Percy Bysshe Shelley, Thomas Love Peacock, Rita Dove, Joy Harjo, E.E. Cummings y Joyce Carol Oates. Actualmente imparte clases en la Universidad de Lynchburg, en Virginia.

Zazil Alaíde Collins (México, 1984) es escritora y curadora musical. Ha publicado los libros *Junkie de nada, No todas las islas* (Premio Poesía Ciudad de La Paz 2011), *El corazón, tan cerca de la boca, Sipofene*, y próximamente *Omen* (Valparaíso, 2023); coeditó el proyecto bilingüe "Músicos en la Ciudad de México/Musicians in Mexico City". Es parte de la *Antología general de la poesía mexicana: De la segunda mitad del siglo XX al tercer milenio*. Actualmente, radica en El Paso, Texas, donde cursa un MFA en escritura creativa bilingüe en la Universidad de Texas.

Consuelo Hernández is a Colombian American poet, and worldwide traveler. Her most recent bilingual poetry book, *Wake of Chance/Estela del azar* (2021), received Honorific Mention at the International Latino Book Awards as best book of poetry 2022. She is the author of several poetry collections: *Mi reino sin orillas* (2016), *Poems from Debris and Ashes/Poemas de escombros y cenizas* (2006), *Manual de peregrina* (2003), *Solo de violín. Poemario para músicos y pintores* (1997), *Voces de la soledad* (1982), *El tren de la muerte* (Chapbook, 2018), and *The Short Polifonía sobre rieles* (2011). She also has written numerous articles on Latin American literature and two scholarly books: *Voces y perspectivas en la poesía latinoamericana del siglo XX* (2009), and *Álvaro Mutis: Una estética del deterioro* (1996). Presently, she is an Associate Professor Emerita at American University and lives in Washington DC.

Bessy Reyna es escritora, periodista y poeta, autora de los poemarios bilingües *The Battlefield of Your Body/El campo de batalla de tu cuerpo* y *Memoirs of the Unfaithful Lover/Memorias de la amante infiel*. En español publicó *Terrarium* y el libro de cuentos *Ab Ovo*. Sus poemas han sido incluidos en numerosas revistas literarias y en antologías en Estados Unidos y América Latina. Entre los premios y distinciones con los que ha sido honrada se encuentran: Joseph E. Brodine en poesía del Connecticut Poetry Society; Lifetime Achievement Award de CT Center for the Book, por sus esfuerzos y apoyo para difundir la literatura en Connecticut. La Comisión del Estado de Connecticut para Asuntos Latinos y Puertorriqueños la seleccionó como "Ciudadana Latina del Año". En 2012, fue una de las diez mujeres honradas por CT Women's Hall of Fame por su trayectoria periodística. Honrada como "Outstanding Latina in Cultural Arts and Literary Arts" por la Asociación Hispanics in Higher Education. Nacida en San Luis, Cuba (1942), Reyna ha vivido en Panamá. Graduada de Mt Holyoke College (BA), obtuvo su Maestría en Desarrollo Infantil (MA) y Licenciatura en Leyes (JD) en la Universidad de Connecticut. Fue columnista de opinión de *The Hartford Courant* y colaboró con la revista dominical *Northeast*. En el 2012 se unió a www.ctlatinonews.com como columnista de opinión.

Alberto Pipino (Buenos Aires, 1942) desertó a los 20 años del servicio militar obligatorio siendo apresado e internado en un hospital neuropsiquiátrico del ejército argentino. Liberado, inicia un viaje por América Latina, a su paso por Managua en los sesenta y tantos el poeta Pablo Antonio Cuadra le publica unos poemas en La Prensa Literaria.

Llega hasta Canadá y retorna al país. En la revista 2001 se inicia en el periodismo, integra una organización de izquierda y en 1977, frente a la ofensiva de la dictadura militar, se exilia. Con la democracia regresa y entre 1990 y 1991 edita *Utopías del Sur*, para difundir pensamiento y creación desde una izquierda crítica, junto a Leon Rozitchner, Ramón Plaza, Esteban Moore, Alberto Szpunberg, Klaus Wellinga y Osvaldo Bayer, entre otros. A su vuelta advierte que el país y él crecen asimétricos. Desde hace 20 años reside en Estados Unidos. Acerca del poemario *Espeso país* (Barcelona, 1984), Juan Gelman escribió: "Alberto Pipino transitó los caminos del dolor, de la derrota, de la furia. Por eso, sus palabras son de piedra. Y tienen la belleza de la piedra". En junio de este año publicará en Buenos Aires *Riverside Drive*, en la editorial Barnacle.

Jacqueline Herranz-Brooks es una autora y artista multidisciplinaria nacida en La Habana y radicada en Nueva York. Sus proyectos fusionan la investigación, la fotografía documental, la interpretación de paisajes sonoros y las intervenciones urbanas en instalaciones multimedia. Jacqueline, quien está interesada en el proceso de ficcionalización de los eventos personales y en la creación de personas de autor, ha publicado varios libros de autoficción, entre ellos *Liquid Days* (Argentina, 1997), *Escenas para turistas* (Nueva York, 2003), *Mujeres sin trama* (Nueva York, 2011) y *Viaje en almendrón* (Libro de instalación para Gallery Miller, 2015). Los proyectos de escritura y los métodos de investigación de Jacqueline se basan en la estética experimental contrahegemónica de las prácticas híbridas latinas de Nueva York.

Carlos Ponce-Meléndez poems have appeared in *The Dreamcatcher*, *The Poet*, *Voices Along the River*, *Desahogate*, *Small Brushes*, *The Texas Observer*, *El Angel*, *Celebrate*, several anthologies and numerous Spanish magazines. He also teaches creative writing at schools and community centers.

Víctor Manuel Ramos es un escritor y periodista bilingüe radicado en Nueva York. Originario de República Dominicana, reside desde su adolescencia en Estados Unidos. Su ficción en español e inglés da voz a personajes fuera de la narrativa oficial, según ellos atraviesan paisajes que van de lo inverosímil a lo impersonal; de esta manera, su narrativa explora la complejidad y adaptabilidad del individuo ante fuerzas mayores en tramas que, dentro de su enfoque de corte mayormente realista, admiten la posibilidad de lo trascendente. Ganó en 2010 el Primer Certamen Literario de la Academia Norteamericana de la Lengua Española por su novela *La vida pasajera*. Es autor de *Morirsoñando: Cuentos agridulces, 1998-2000* y de *Bienvenido a la* *patria y otros cuentos ausentes*; en este último volumen se incluye el cuento "Bautismo de sangre". Su ficción ha sido publicada en medios literarios de Estados Unidos, Inglaterra y España. Ramos ha recibido múltiples premios por su labor periodística, desempeñándose como redactor y editor en importantes medios de Estados Unidos.

John Madera is a Puerto Rican writing in the margins against marginalization by the corporate death machine. He is the author of *Nervosities* (Anti-Oedipus, 2024). His fiction may also be found in *Conjunctions*, *Salt Hill*, *Sonora Review*, or *The &Now Awards 2: The Best Innovative Writing*. His nonfiction may be found in *Bookforum*, *The Believer*, *The Review of Contemporary Fiction*, *Rain Taxi*, or *DIAGRAM*. Recipient of an MFA in Literary Arts from Brown University, Madera lives in New York City, where he edits *Big Other* and runs *Rhizomatic: Publicity for Small Presses with Big Ideas*.

Pablo Brescia nació en Buenos Aires y vive en Estados Unidos desde 1986. Ha vivido en California y Texas; actualmente reside Florida. Publicó los libros de cuentos *La derrota de lo real* (Estados Unidos; México, 2017), *Fuera de lugar* (Perú, 2012; México, 2013; Estados Unidos 2021) y *La apariencia de las cosas* (México, 1997). También, con el seudónimo de Harry Bimer, dio a conocer los textos híbridos de *No hay tiempo para la poesía* (Buenos Aires, 2011). De él se ha dicho, "es de esos cada vez más escasos cuentistas, diría la clásica fórmula, de pura cepa" (*La Jornada Semanal*, México). También se ha destacado su "trabajo artesanal con el lenguaje" (*Bazar Americano*, Argentina). Sobre los relatos de *La derrota de lo real*, el escritor Naief Yehya ha dicho: "la literatura de Brescia ofrece un aliento lleno de ironía a la extrema crueldad y grotesca bufonería del poder actual" (*Milenio*, México).

Naida Saavedra es escritora de ficción, crítica literaria y docente. Ha publicado *Vos no viste que no lloré por vos* (El perro y la rana, 2009), *Última inocencia* (SEd Ebook, 2013), *Hábitat* (2013), *Vestier y otras miserias* (Verbum, 2015) y *Desordenadas* (Sed, 2019). La investigación de Saavedra aborda los temas de identidad, migración y redes sociales en la literatura latinx contemporánea. En 2019, junto a Amrita Das, editó *Ecos urbanos: Literatura contemporánea en español en Estados Unidos*, número 15 de la revista *Hostos Review*. En su libro, *#NewLatinoBoom: cartografía de la narrativa en español de EE.UU.* (El BeiSMan PrESs, 2020), Saavedra estudia el movimiento literario en español del siglo XXI propio de Estados Unidos. Vive en Massachusetts, donde es investigadora y profesora en Worcester State University.

David Ornelas (México, 1986) es escritor mexicano egresado de la carrera de Comunicación Social en la Universidad Autónoma Metropolitana. Ha ejercido en diversas instituciones culturales públicas y privadas de México. Su trabajo ha sido publicado en revistas literarias digitales e impresas, así como en medios especializados en cine y diarios de México. Actualmente vive en Nueva York, donde estudió el MFA en Escritura Creativa en español de New York University. Es autor del blog *Yo no vendo culebras*, donde publica historias de no-ficción. Además, colabora en *Volvoreta*, un proyecto que combina poesía e ilustración.

Melanie Márquez Adams es la autora de *Querencia: crónicas de una latinoamericana en USA* (Katakana, 2020), *El país de las maravillas: crónicas de mi sueño americano* (César Chávez Institute, 2021) y *Mariposas negras: cuentos* (Eskeletra, 2017). Tiene un Máster en Escritura Creativa por la Universidad de Iowa y su obra aparece en varias antologías y publicaciones literarias. Finalista del Premio Paz de Poesía 2022, Melanie es una promotora incansable de la escritura en español desde Estados Unidos y ha editado una serie de proyectos, como *Imaginar Países: Entrevistas a escritoras latinoamericanas en Estados Unidos* (Hypermedia, 2021), *Ellas cuentan: Crime Fiction por latinoamericanas en EE.UU.* (Sudaquia, 2019) y *Del sur al norte: Narrativa y poesía de autores andinos* (premio International Latino Book Awards 2018). Su nuevo libro de cuentos, *Anfibias*, acaba de ser publicado por Mouthfeel Press.

Marcos Pico Rentería (México, 1981) es profesor asistente de español en Defense Language Institute. Su investigación se centra en literatura latinoamericana, principalmente en torno al desarrollo del cuento y ensayo en la producción mexicana de la segunda mitad del siglo XX y comienzos del XXI. En cuanto a sus intereses principales se encuentra el grupo literario mexicano Crack y el comienzo ensayístico de Jorge Volpi. Fue editor de *Nueve délficos. Ensayos sobre Lezama* (2014) publicado por la editorial Verbum (Madrid). Varios de sus cuentos, entrevistas, artículos y poemas han aparecido en revistas literarias y académicas como *Conexos, La Santa Crítica, Revista Crítica, Nuestra Aparente Rendición, Eñe: Revista para leer, Vozed, Digo.palabra.txt, Confluencia, Caleidoscopio, Campos de Plumas, Carátula* y en antologías como *Alebrije de palabras* (BUAP, 2013), *Pelota Jara* (2014), *Testigos de Ausencias* (2018), *Hostos Review* (2019), entre otras.

Kayla Hartsock is an English education major at the University of South Carolina Aiken who was awarded the Washington Writer's Award. She enjoys writing about real-life situations that explore dark themes.

Robert Simon serves as Professor of Spanish and Portuguese in the Department of World Languages and Cultures at Kennesaw State University. He instructs courses in Portuguese and Spanish languages, World Literatures, Cultures and Languages, and has also designed and instructed courses in the KSU Journey Honors College. Among his published works are: *The Purple Gladiolus and the Mystic's Map: Mystical Symbolism and the Posthuman in the 20th and 21st Century Poetic Voice of Ana Rossetti* (2023), *From Post-Mortem to Post-Mystic: Blanca Andreu, Galicia, and the New Iberian Mysticism* (2019), *To A Nação, with Love: The Politics of Language through Angolan Poetry* (2017), *The Modern, the Postmodern, and the Fact of Transition: The Paradigm Shift through Peninsular Literatures* (2011), and *Understanding the Portuguese Poet Joaquim Pessoa, 1942-2007: A Study in Iberian Cultural Hybridity* (2008), and a variety of studies that analyze Transnationalism and Mysticism in contemporary Iberian and Angolan poetries. He has also published ten collections of poetry, including *Ode to Friendship* (2021), for which he was nominated for the Georgia Writers Association Author of the Year Award in 2022, *The Bridge* (2019), and *The Musician* (2017), as well as with poems in various journals in India, Portugal, and the United States. He enjoys reading, running, spending time with his daughter, and playing the oboe.

Luka Djolic is a hobbyist author from Aiken, South Carolina. He has a passion for science fiction and uses elements of his Serbian American background to influence his writing.

Ángel M. Rañales (A Coruña, 1992) es profesor de español, literatura hispánica y estudios ibéricos en la Universidad de Carolina del Sur Aiken, donde compagina su profesión con la edición, la lectura variopinta y el cuidado de sus plantas. Anteriormente residió en Lawrence, Kansas, donde cursó su maestría y doctorado, y en Santiago de Compostela, España, donde descubrió su amor por los libros y las letras que actualmente lo mantienen felizmente ocupado.

Wifredo de Ràfols is Graduate Director of the Spanish Graduate Program at the University of Nevada, Reno. He received his MA in English from the Johns Hopkins University and PhD in Spanish from the University of California, Davis. He teaches a wide variety of courses in Spanish literature, culture, and literary theory. His publications examine works by Zorrilla, Galdós, Valle-Inclán, Eugene O'Neill, Juan Ramón Jiménez, Jorge Guillén, and Federico García Lorca. His general research interests include hermeneutics, artificial reading, and bias studies.

DIGITUS INDIE PUBLISHERS
www.digitusindie.com
EDITORES INDEPENDIENTES

www.ingramcontent.com/pod-product-compliance
Lightning Source LLC
Chambersburg PA
CBHW071438020526
44118CB00048B/1522